Lili Wen Fach, Plas yn Rhiw

BLODAU GWANWYN,
BLODAU GWYN

Argraffiad cyntaf: 2012

ⓗ Myrddin ap Dafydd/Gwasg Carreg Gwalch

Rhif rhyngwladol: 978-1-84527-379-8

Mae'r cyhoeddwyr yn cydnabod cefnogaeth ariannol
Cyngor Llyfrau Cymru

Lluniau: Myrddin ap Dafydd
Cynllun clawr a'r tudalennau lliw: Tanwen Haf

Cyhoeddwyd gan Wasg Carreg Gwalch,
12 Iard yr Orsaf, Llanrwst, Conwy, LL26 0EH.
Ffôn: 01492 642031 Ffacs: 01492 641502
e-bost: llyfrau@carreg-gwalch.com
lle ar y we: www.carreg-gwalch.com

Blodau Gwanwyn,
Blodau Gwyn

Myrddin ap Dafydd

Cynnwys

7

Cyflwyniad i'r cyflwyniadau

Pan fydda i'n darllen fy ngherddi o flaen cynulleidfa, mi fydda i fel arfer yn adrodd y straeon sy'n gefndir iddyn nhw, ac sy'n rhan o'r rheswm dros eu sgwennu. Mae cyhoeddi'r casgliad yma yn oer ar ddu a gwyn yn fy nharo i braidd yn chwithig, felly.

Er mwyn cadw'n driw i'r darlleniadau cyhoeddus, dwi wedi dewis cyhoeddi'r cyflwyniadau sy'n rhoi cyd-destun y cerddi yn y gyfrol hon. Weithiau ychydig o wybodaeth gefndirol sydd ynddyn nhw, dro arall hanesyn am yr ysgogiad, ac ambell waith ymhelaethu ar y pethau sy'n dod i'r wyneb yn y cerddi. Nid troednodiadau nac esboniadau ydyn nhw – dim ond rhan o'r traethu wrth eu cyflwyno.

Rhag tarfu ar y darlleniadau i'r rhai y mae'n well ganddyn nhw weld y cerddi heb y nodiadau, mae'r cyflwyniadau yn y tudalennau ar ddechrau pob adran – yno ichi, os dymunwch droi atynt.

Wrth sôn am darddiad ambell gerdd, byddaf yn crybwyll nifer o gyfeillion sydd wedi bod yn hwb sylweddol i gyfansoddi dros y blynyddoedd diwethaf. Unwaith eto, mae'n rhaid enwi'r cyd-feirdd a cherddorion sydd wedi bod yn rhan o dair sioe a fu ar daith yn ddiweddar – Geraint Løvgreen, Ifor ap Glyn, Twm Morys, Mei Mac, Edwin Humphreys ac Owen Owens. Dwi'n cael yr un ysgogiad yng nghwmni hogia'r Tir Mawr – Gareth, Huw a Jôs – wrth gyfarfod uwch y traeth yn Aberdaron er mwyn cael gafael ar rywbeth i'w gyflwyno i Gerallt yn wreiddiol, a Ceri Wyn erbyn hyn.

Mae bwlch yn y cwmni crwydrol er Mai 2010, wrth gwrs. Cyflwynaf y gyfrol er cof amdano.

Myrddin ap Dafydd
Hydref 2012

Cyflwyniadau

I Eleri, ac er cof am Ceredig, Sibrwd y Gwynt, Rhos-lan. Yr hyn sy'n fy rhyfeddu i am y sêr ydi bod tân rhai ohonyn nhw wedi hen ddiffodd, ond rŵan mae eu golau'n ein cyrraedd ni. Er bod y seren wedi darfod, mae'r golau hwnnw yn gwmni i ni o hyd.

Yn niwedd y pumdegau mi fu hogyn o Fynydd Nefyn farw ym mreichiau ei fam wrth iddi redeg â fo am y lle doctor ar ôl brathiad gwiber.

Bugail Tal-y-braich, Nant y Benglog a bugail Dyffryn Mymbyr. Cyfansoddwyd ar y dydd byrraf, 2011.

Clywais am farwolaeth Emrys Evans, Stiniog, pan oeddwn dan ddaear yn recordio darn ar gyfer Noson Lawen yng ngheudwll Llechwedd. Bu'n gefn mawr i mi drwy ddyddiau cynnar y wasg ac ef oedd awdur straeon arwrol fy mhlentyndod am Ddafydd ap Siencyn a Herwyr Nant Conwy yn Ogof Carreg y Gwalch.

Wedi darllen *West*, Jim Perrin – cyfrol am geisio byw drwy alar personol.

Mae'r gair 'paladr' yn un da i ddisgrifio Gwilym Roberts ar sawl cyfri. Coes saeth neu waywffon oedd ystyr wreiddiol 'paladr' ond mae'n cael ei ddefnyddio am ŵr tal yn aml – dyn meinsyth, hirgoes oedd Gwilym, a chanddo gam addas o fras i daclo'r gelltydd i gyrraedd ei dŷ ar ffordd Cowlyd ar lethrau Trefriw uwchben Dyffryn Conwy. Mae 'paladr' hefyd yn golygu llafn o heulwen – pelydrau am fwy nag un. Roedd pelydrau'r haul yn ei wyneb bob amser – gŵr addfwyn a gwerthfawrogol oedd o, a thu ôl i'r wên roedd meddwl miniog un oedd wedi arfer pwyso a mesur ei eiriau mewn o leiaf pedair iaith. Ystyr pellach i'r gair 'paladr' yw dwy linell gyntaf englyn, ac yn fwy na dim mi fyddwn yn cofio am Gwilym fel englynwr fu'n gwasanaethu ei gymdeithas am drigain mlynedd.

Ar un adeg, nid oedd colofn Trefriw yn ymddangos yn *Y Pentan* heb ddau neu dri englyn gan Gwilym – englynion yn cyfarch hwn a'r llall, yn cofnodi dathliadau teuluol, genedigaethau, campau arbennig, ac ar dro yn coffáu y rhai a gollwyd o'r gymdeithas. Nodwedd yr englynion hynny bob amser oedd yr heulwen oedd yn tywynnu ohonynt – englynion cynnes, pefriog yn mynegi agwedd gadarnhaol yr awdur at fywyd.

Yn y chwe degau a'r saith degau roedd cylch o wyth englynwr yn cyfarfod yn fisol yn nhai ei gilydd yn Nyffryn Conwy. Gosodent dasgau i'w gilydd a byddent yn rhannu barn ac yn trafod y grefft. R. E. Jones, Llanrwst, oedd yr arweinydd, a Gwilym Roberts oedd y cofnodwr. Roedd athro arall yn eu mysg – G. O. Jones, Llanrwst; sarjant ym Metws-y-coed oedd Meirion Huws (tad Elfyn Llwyd A.S.); dyn ffordd oedd Dafydd Gruffydd, Llanrwst; ffermwyr oedd D. O. Jones, Padog, a Glyn Jones, Y Gyffin (un arall o'r criw a gollwyd ychydig cyn y Nadolig,) a saer coed o Ysbyty Ifan oedd Huw Selwyn Owen. Yn 1973 cyhoeddwyd ugain englyn o waith pob un ohonynt yn y gyfrol *Wyth Ugain o Englynion*. Pan fu farw Gwilym Roberts, dyna'r olaf o'r wyth wedi ein gadael – yr olaf o genhedlaeth o feirdd a fu'n ysbrydoliaeth a chefn mawr i mi yn bersonol wrth feithrin diddordeb mewn cerdd dafod.

Yr Wyth
Wyth trawst dan ryferthwy traeth; – wyth heb iaith,
Heb iaith ond ein hiraeth;
Wyth angor pob rhagoriaeth;
Wyth goleudy'r canu caeth.

Ond does wiw i ni fod yn bruddglwyfus wrth gofio am Gwilym. Welwn ni ddim criw tebyg i'r wyth yna yn Nyffryn Conwy eto, ond mae eu cyfraniadau nhw wedi sicrhau bod y diwylliant a'r gymdeithas yr oeddent mor selog drostynt yn parhau. Ddiwedd mis Rhagfyr 2010 y bu farw Gwilym Roberts ond mi fydda i'n cofio am ei anogaeth gyson ac am ei eiriau hael a charedig wrth ddathlu ac wrth alaru.

21 Ergyd

Yn angladd Gwilym Roberts ar ddydd Calan 2011, teimlwn fod cyfnod yn dod i ben wrth gladdu'r olaf o wyth englynwr ei genhedlaeth yn Nyffryn Conwy.

22 Englynion coffa

Saer, a hen ffrind o Ffostrasol oedd Dai.

Un o hogia George Jones, Plas-yn-Dre, a chymeriad hoffus oedd George Bach – roedd ganddo lais mwyn, hawdd gwrando arno; roedd yn gymwynaswr hael ac yn arweinydd Côr Meibion Llanrwst.

Gof gwydn, dyn ceffylau cyhyrog a Chymro di-ildio oedd Dewi – un arall o hogiau George Jones. Ar ôl y gwasanaeth rhoddwyd ei arch ar drol i'w thynnu gan geffyl drwy'r dref i'r fynwent yng Nghae'r Melwr.

Pan fyddwn yn ymweld â Pi a Glyn ym Mhadog ac Ysbyty Ifan, doedd dim digon fedrai Elda ei roi ar y bwrdd i estyn croeso – felly roedd hi pan oeddan nhw'n hogiau bach ac felly roedd hi ar ôl iddyn nhw dyfu'n hogia mawr.

Er iddo gyrraedd y tir uchaf fel astudiwr crefftau gwerin, awdur astudiaethau gwerthfawr a rheolwr amgueddfeydd, ei hoffter o bobl ei werin oedd yn gyrru Geraint Jenkins. Nid gyrfa ond ei gariad cyntaf oedd y maes hwn iddo, ac roedd yn gwmnïwr difyr wrth rannu ei stôr o wybodaeth.

24 Canlyn Orig

'Dynion gwellt' oedd ymadrodd Orig am wleidyddion a phwyllgorwyr a phobl oedd yn enwog am fod yn enwog. Dynion gwneud pethau oedd arwyr Orig, ac roedd wedi teithio digon ar yr hen fyd yma i wybod fod gennym le i ddal ein pennau yn uchel. Does dim rhaid inni sathru ar draed neb arall, ond does dim angen inni ymddiheuro am fod yn Gymry chwaith.

25 Geraint Ysgubor Fawr

Ffermwr yn Llwyndyrys oedd Geraint, a phan fyddai'n porthi ei wartheg wrth giât ar ben Allt Capal, byddai wrth ei fodd yn agor ffenest ei fan ac yn holi a rhoi'r byd yn ei le. Bychanu'i boen oedd ei ffordd pan gollodd ei iechyd, yn benderfynol bod pethau ar i fyny.

26 Yn angladd Mald

Llanc llawen a fu farw lawer yn rhy ifanc oedd Maldwyn Nannerth, Pandy Tudur. Yn gapten ar ail dîm Nant Conwy 1990-91, ei eiriau o anogaeth os oeddem ar ei hôl hi ar hanner amser fyddai: 'Pennau i fyny; does 'na ddim byd yn rhein; gawn ni nhw yn yr ail hanner!'

27 Y Doctor Dŵr

Meddyg a laddwyd mewn damwain car wrth ymyl Ysgol Pentreuchaf oedd Gwion Rhys. Roedd yn aml ei ddoniau, ac ef oedd yn ysgwyddo'r cyfrifoldeb o fod yn Ddoctor Dŵr i dim rygbi dan 11 Pwllheli, y tîm y chwaraeai ei Owain ef a fy Owain innau ynddo.

28 Dewi Tomos

Fel athro, fel aelod o'i gymdeithas leol yn Arfon ac fel Cymro triw, trosglwyddo oedd y cyfrifoldeb a roddodd Dewi arno'i hun – o flaen dosbarth o blant neu wrth arwain taith gerdded o Ganolfan Cae'r Gors, Rhosgadfan. Bûm wrth ei benelin yn llywio nifer o gyfrolau drwy'r wasg – straeon gwerin, bywyd tyddynwyr y chwareli, hanes lleol a theithiau cerdded. Mi wn am ei waith mawr yng Nghae'r Gors ac fel ysgogwr a brwydrwr tanbaid yn ei fro – ond gweld ei hun fel dolen mewn cadwyn yr oedd o. Mi gafodd dreftadaeth wych gan y rhai o'i flaen a'i ddyletswydd oedd cyflwyno hynny i bobl eraill, ac yn arbennig i'r to oedd yn ei ddilyn. Mi fyddai bob amser yn gwneud hynny mewn ffordd dawel a diymhongar, a gwên swil ar ei wyneb – ond o fewn y plisgyn tawel hwnnw roedd yna galon ddiwyd a di-ildio yn curo.

29 Lili wen fach yn y fynwent

Ym mynwent Llanddeiniolen, 27 Ionawr, 2012, ar fy ffordd i angladd Dewi Tomos, a sgwennodd un tro: 'Mae popeth cyfarwydd yn newydd unwaith mewn oes'.

30 Sét ddrama

Ar ôl gweld dramâu Wil Sam yng ngwanwyn 2009.

31 Marwolaeth bardd

Prin ydi'r beirdd hynny yr ydw i wedi casglu popeth fedra i gael gafael arno o'u gwaith – ond rhai felly oedd T. Llew Jones, Dic Jones ac Iwan Llwyd. Collwyd y tri o fewn amser byr iawn i'w gilydd. Cefais fy hun yn gwneud yr un peth yn dilyn y tair marwolaeth – estyn eu holl lyfrau ar fwrdd y gegin a'u darllen eto.

32 *Y gân sydd yma*

Yn ogystal â mwynhau ei gwmni mewn cylchoedd barddonol, cefais fraint fawr yn ogystal o gael trafod llawer ar lên gwerin gyda T. Llew Jones.

34 *Gweld colli Dic*

Yn yr ymryson yn Eisteddfod Genedlaethol y Bala, 2009, pan fethodd Dic Jones â dod yno oherwydd ei waeledd.

34 *Gwanwyn Dic*

Mi fydda i'n ddiolchgar os llwydda i i gadw mewn cof ddau beth y sylwais i arno ym mhersonoliaeth Dic – ei barch a'i deyrngarwch at genedlaethau hŷn, a'i barodrwydd i wneud lle wrth y bwrdd i genedlaethau iau. Yn rhyfedd iawn, fesul dau y daw'r cof amdano yn aml. Canodd am y drain gwynion a'r cynhaeaf melyn; roedd yn awdlwr clasurol ac yn sgwennwr penillion talcen slip; bardd yr awen lawen a bardd y cerddi dwys, personol; bardd ei fro a bardd dynoliaeth gyfan; bardd Sioe a bardd Steddfod. Ond roedd un wythïen gyson yn cyfannu'r holl feysydd hynny – dyn a bardd gobaith, llawenydd a gwanwyn oedd Dic, yr holl bethau bychain sy'n creu dyn mawr.

36 *Iwan*

Wrth ailddarllen ei gerddi ar ôl clywed am farw Iwan Llwyd, mi ddois ar draws cerdd a sgwennodd am Uwchmynydd yn 2008. Mae'n disgrifio profiad sy'n gyfarwydd i lawer ohonom – sefyll ar graig ar drwyn y penrhyn a gwylio'r Swnt yn corddi oddi tanom. Mae dau beth wedi fy nharo o'r newydd wedi ailddarllen hon – y ffydd yng nghadernid y graig dan ei draed, ffydd sydd bron â bod yn rhyfygus; hefyd y penderfyniad i beidio ag arafu nac ildio tir, i beidio camu'n ôl. Mae sawl arwyddocâd i'r darlun, mi wn, a phan es i ati i sgwennu awdl i gofio amdano, roedd y gerdd hon yn agos iawn i'r wyneb. Pan ddaeth yr alwad ffôn gyda'r newyddion trist, doedd dim posib dweud dim. Yna roedd y ffôn yn canu eto a rhywun o'r cyfryngau yno isio imi ddweud rhywbeth.

39 Tynnu llo

Rhyw fath o de angladd ar olwynion oedd nosweithiau 'Iwan, ar Daith'. Mae te angladd yn medru bod yn lle anghysurus a chwithig nes bod pobl yn dechrau siarad, y siarad yn troi'n sgwrsio – ac yna mi glywch y chwerthiniad cyntaf, a bydd yr olwyn yn dechrau troi yn ei blaen unwaith eto. Felly mae'r tymhorau hefyd – does 'na ddim byd yn syml yng nghylch y flwyddyn – ym Medi mi gewch chi frathiad o'r hydref a'r gaeaf hyd yn oed, ond mi fydd 'na liwiau haf a llygedyn o haul cynnes o hyd hefyd. Mewn marwolaeth mae yna egni creadigol – mae'r olwyn yn dal i droi. Fis Medi 2010, ro'n i'n dod drwy Gapel Curig ar ddiwedd y dydd ac mi welais i olygfa anarferol. Ffermwr Dôl Gam yn tynnu llo mewn cae uwch y ffordd – roedd hi wedi mynd yn wasgfa, mae'n rhaid. Roedd o wedi gadael ei fan efo'i goleuadau oren yn fflachio, rhoi naid dros y clawdd, ac fel rhyw Herciwles o'r hen oes yn tynnu coesau'r llo efo'i holl nerth, hwnnw hanner allan a'i ben i lawr.

Y sêr uwch Sibrwd y Gwynt

Dim ond gorffennol sy'n y sêr, a dim
ond ffŵl sy'n rhythu a rhamantu'i ffawd
ar hyd eu llwybrau arian; er mor chwim
y daw eu cysur atom, maent dan fawd
y pellter sy tu hwnt i'n siwrnai ni.
Ni, bobl y pridd, gorweddwn wedi'r dydd
a'n suo, rhwng dwy dorlan glai y lli,
mae Dwyfach yn ddirwgnach ac yn rhydd.
Ond wrth i'r düwch hwn anadlu'n llaes,
bydd tarth y bore'n llawn hanesion gwyn
sy'n wincio uwch ein pennau ar y maes
ac awn ar flaenau'n traed i ben y bryn.
Yng nghwmni fflamau ddoe, canhwyllau gwan
sy'n ysgafnhau tywyllwch rhos a llan.

Bachgen a laddwyd gan frathiad gwiber

Y mae olaf gyw melyn
yn dal yn fy moch yn dynn,
byd oer yn ei wyneb du
a'i anadl yn ewynnu.

Maith yw'r llechwedd at feddyg,
garw yw'r ras; gadael grug
mae'i wanwyn, gadael mynydd;
gadael dwy ael y mae'r dydd.

Rhoch hir yn fy mreichiau i
a'i waedd a drof yn weddi'r
galon: clyw hon, y duw clên
a duw'r neidr yn ein Eden.

Lili Wen Fach, Mynwent Llanddeiniolen

Bugeiliaid

Garnedd Wyn

Yn nannedd y garnedd a'r gwynt – gwelaf,
    Pan fydd golau arnynt,
    Graig a ffynnon – ohonynt
    Y rhedai gwaed ei ffrwd gynt.

Dafydd Cwm

Hen droed y gaeaf yn drwm – a Siabod
    Yn syber a phendrwm,
    Ond golau, da ei gwlwm,
    Fydd y cof am Dafydd Cwm.

Twll chwarel

wrth glywed am golli Emrys Evans

Roedd Chwarel Llechwedd heddiw'n
berwi o hwyl – y twll briw'n
ildio'i nos a'i lwydni hen
i liwiau'r Noson Lawen.
Dotiwyd, ennyd, ond eto
olion cynion ddaeth i'r co'.

Cofio, gan i fraich cyfaill
o'r fagddu fy nhynnu'r naill
du am eiliad a moeli'r
sét hardd godwyd is y tir:
y colli'n grychni'n ei grys
â'i Gymru'n wag o Emrys.

Olwyn frwd calon ei fro
a gwerthyd pob tasg wrtho,
y dycnaf ymhob gafael,
y rhod hir a'r troad hael:
mae cocos pob achos bach
heb yr henwr yn brinnach.

Y ddaear lafar oedd ei lên – a dyn
  Stiniog, bob gwythïen,
   hen law mor fwyn â phluen
   ond darn cadarn o'r graig hen.

Lleuad lawn yn Rhagfyr

Oer yw llaw eira'r lleuad, – er hynny
    Dan groen ei chyffyrddiad
    A'i galar, y mae cariad
    Yn olau aur yn y wlad.

Gwilym Roberts

Yn y bae yng ngwawr bywyd – a gorwel
  Digyrraedd y machlud
 Roedd egni bardd: gwyn y byd
 A Gwilym wrth ei Gowlyd.

Gŵr pelydrog ei eiriau – a roes haul
  Dros heth ein gaeafau,
 A theg a ffeind wrth goffáu:
 Gwilym, a'i englyn golau.

Ergyd

Drwy faril dwyfil a deg
y geiriau droes yn garreg.
Hwyl yr englynwr olaf
un o'i gyff dan luwch a gaf
a rhew'n glec ar awen glir
ar glo'r mis oer a glywir.

Awn â'r bardd i ben draw byd
ffriddoedd culion ffordd Cowlyd
a'i ollwng i'r lle pellaf
fu erioed o dwf yr haf.
Dawn oes a gwsg dan wisg wen;
trosom, eco'r getrisen.

Englynion coffa

Stewart Jones

Yn ei graig, mor groyw 'i iaith, – yn ei li
    Roedd dŵr glân ei dalaith;
Aeth llais Dwyfor i'r môr maith
O Eifionydd fy heniaith.

Dai

Dai a'i war fel cyff derwen – a'i wreiddiau
    A'i ruddin fel onnen;
Pell yw'r haf, mae pall ar wên
A Dai dan gysgod ywen.

George Bach

George y gân fêl a dawelodd – a'r hwyl
    Yn Llanrwst a bylodd,
Ond ei dre sy'n cadw'i rodd:
Hwn â'i lais a'i melysodd.

Dewi George Jones

Mi awn o sain yr emynau, – awn drwy
    Yr hen dre heb eiriau,
Dilyn tinc y pedolau,
Rhoi heyrn y gŵr yn ei gae.

Elda, Pen-y-gro

Erys hwyl ei chroeso hi – y ddwy law'n
    Ddi-lol â'u haelioni,
  Mam a Nain yn ein Mai ni,
  Mam o hyd pan ddaeth Medi.

Geraint Jenkins

Yr oedd nerth yn ei chwerthin – i rwydo
    Helfa frwd ei werin,
  Rhoi'i haeddiant i hen ruddin
  A gweld gwerth y prydferth, prin.

Canlyn Orig

Mae Orig efo'r meirwon – ond ei weld
    wnaf drwy darth yr afon
    yn ddewr ei hwyl ar ddŵr hon:
    mae Orig efo'r mawrion.

Mae'n 'run man â'i Gynan, man gwyn, – a Chang
    John Charles a Llywelyn,
    doniau gwlad, Owain y Glyn
    a Syl, Graf a Huw Selwyn.

Y dyn a âi amdani – a tharian
    Arthuraidd y cwmni,
    gordd wrth ergydio'i gerddi:
    Orig Fawr a gofiaf i.

Dwrn Tachwedd; calon feddal yr hogyn;
    dwrn o graig ei ardal,
    ei rychau weithiau fel wal,
    yna gwên pont Dolgynwal.

Ennill y gwir mewn pennill a gair – oedd
    iddo'n drysor disglair;
    callio, aildanio'r cellwair:
    y dyn ffeit ffeindia'n y ffair.

I'w ddiwedd, yr oedd haearn – yn ei waed;
    roedd yn iach ei ragfarn;
    os cariad, cariad cadarn;
    os Cymro, Cymro i'r carn.

Geraint Ysgubor Fawr

Gŵr bychan y gair bachog
a'i lygadau barbiau og:
gyda gwên gyhyd â giât
saethai'i wit yn syth atat.

Ei stydi fu ffenest fan:
un wêf, cyn cloi'r lôn gyfan
i roi'i farn, ac araf ŵr
i facio fu'r pryfociwr.

Wrth adwy, porthai eidion:
'y golau ddyddiau – mi ddôn'
(a'i siom fyny'i lawes o).
Un Ionawr, nid oedd yno.

Yn angladd Mald

Aeth Ionawr â'r chwerthiniad, – aeth Ionawr
    Â thân y ddau lygad
  A chyda'i luwch hyd y wlad,
  Mae düwch ymadawiad.

Aem i ymweld ddoe â Maldwyn – a'i gael
    Eto'n gweld llygedyn
  Er gwaethaf bod gaeaf gwyn
  Yn cyrraedd pob cyhyryn.

Y fo'i hun, a'i ben i fyny, – a gaed
    Yn ei gadair wely;
  Ni ddôi'r storm drwy ddrws ei dŷ
  A diboendod ei Bandy.

Hen griw'r Aelwyd a'i gwrolai, – ail wynt
    Ei hen glwb a'i nerthai;
  Am hen droeon y soniai
  A hen hwyl a'i llawenhâi.

Gaeafodd yr holl atgofion – heddiw,
    Ond uwch cloddiau duon
  Yn t'wynnu fry ar y fron,
  Ceir adlais o'r llanc rhadlon.

Y Doctor Dŵr

wrth gofio Dr Gwion Rhys

Anorac goch ar ystlys cae, a gŵr
yn cynnal cyffro'r hogiau: sychu'u gwaed,
rhoi gair yn gefn, a chyda nerth y dŵr
yn codi claf y dacl ar ei draed.
Cawn sgwrs dactegau: mantais bod mewn oed;
ond toc, mae'i lygaid wedi mynd am dro
at waith, at deulu, gardd neu grefft saer coed –
dwi'n siarad â dafnau glaw ei sbectol o.
Drwy ddagrau'r gwydrau y cawn weld y byd
am sbel, gloÿnnod wedi colli'r haf
pan aeth ei drem ymhell a'i lais yn fud;
mae ildio i donnau galar bron yn braf.
Ond dal i siarad wnawn am fwrlwm gŵr
a'i ddawn, a disgwyl am iachâd y dŵr.

Dewi Tomos

Ei wên swil yn noswylio, – niwl Ionawr
　　Yn flin ar Foel Eilio,
　　Ond clywn, er troad y clo,
　　Dincian ei ddyfal-doncio.

Lili wen fach yn y fynwent

Gwythiennau'r ywen yn goch ar ei hwyneb
a'r gwynt o Elidir Fawr yn wyn,
oerfel yn llaith ar y llechi beddau
a chotiau Ionawr wedi'u cau yn dynn.

Gwiwer yn dwyn bwyd adar y porth,
dail llynedd yn y dŵr cysegredig,
torchau'r Nadolig ar y domen ddu
a'r cen yn felyn dros englynion caredig.

Dan ganghennau sy'n crymu'n gwarrau
mae'r pennau penwyn eto ynghyd
ac yn cofio cyfeiriad haul y dwyrain
mor rhwydd, mor syfrdan yr un pryd.

Sét ddrama

Llenni, ac amser llonydd;
switsys o weld, a sét sydd
o'i chefn wedi'i dodrefnu;
ust hir ar wefus y tŷ.

Cymeriad yn siarad; siôl
o eiriau dwys a siriol
Wil Sam a holl ffrils ei iaith –
y Wil Sam â'i lais ymaith.

Y mae 'na, Wil, rhyngom ni
ddwy len neu ddau oleuni
ond ar dy lwyfan, rhannwn
yr eiliad hir o weld hwn.

Marwolaeth bardd

Wrth adael, rwyt ti'n gadael dy gyfrolau'n
flêr dros fwrdd y gegin, ac mae hyd
yn oed yr angau mwll yn taflu golau
ar y geiriau na allant fod yn fud.
Mae'r cesair yma, llwch y lôn a synau'r
nos, a sglein y dagrau nes at law
ar we disylw'r ffenest – y gronynnau
gynt na welais, cyn y gawod law.
Yn y rheiny, a'r enfys yn eu canol,
nid yw'r awr yn cyfri nac unrhyw ffin
yn newid, er bod popeth yn wahanol
a lludw ar y gwydr. Ar stwmpyn crin
uwch curiadau mydr y chwarae diawl,
mae dy fwyalchen eto'n canu mawl.

Y gân sydd yma

wrth gofio T. Llew Jones

Mae 'na gân, fel man geni,
nad oes ymwared â hi;
ynof y mae'n troi'n fy mhen,
heno'n tywallt Nant Hawen
ei miwsig trwy fy misoedd –
alaw'r awr, ac fel yr oedd.

Cân fel hwtian gwdihŵ
neu geiliog gwawr yn galw.

Tinc hydref yr hen efail;
cerdd agor a dawnsio'r dail.

Canig glan môr y Pigyn
a hiraeth gwyllt y traeth gwyn.

Cantre'r Gwaelod ei nodau
o hen dŷ gwag wedi'i gau;
salm y cyll tywyll tawel
ac englyn Mai gwenyn mêl.
Ein doe i gyd yw hyd y gân,
lled y cof yn Alltcafan.

Mae 'na un sy'n gwmni i hon,
efeilliaid rhyw Afallon;
y genedl yn ei ganu
sy'n perthyn i'r deryn du –
mae'n hŷn na gwynt main Ionawr;
mae'n hen, ac mae yma'n awr.

Hen ŵr dros erchwyn y nos
a'i eiriau'n mynnu aros;
gwirioniaid ei Langrannog
'yn trin hen iaith Tir na n-Og'
a'n pair hud eto'n parhau
i delyn ei leuad olau.

Gweld colli Dic

Mae adwy'n y cae medi – a gobaith
    A ysgubwyd drwyddi;
    Er ein holl bladuriau ni:
    Ydlannau llwyd eleni.

Gwanwyn Dic

Ynddo fo roedd y ddau fyd:
digrifwch, dagrau hefyd;
seidar yr awen sydyn,
rhaeadr o gân o'r dŵr gwyn,
yna'i afon yn sefyll
i roi cerdd i byllau'r cyll.

Dau fardd oedd cwpled ei fod
a deufin ei gerdd dafod:
llygad ardal ei galon
agorai i weld daear gron;
yng nghylch cyfan Blaenannerch
cân i'w fyd oedd cân i'w ferch.

Ac ynddo fo, dau haf oedd:
un y maes – haf y misoedd
i lenwi'r grawn melynaf,
a llên a'i heulwen – yr haf
ar gomin gwerin a'i gŵyl,
hen win a chwmni annwyl.

Ond un o hyd ei wanwyn:
un y creu â phranc yr ŵyn;
un ei awdl â'n C'lamai ni
i wneud drain i dirioni;
yn sain ei fawl, nos ni fydd
na gaea'n nhir ei gywydd.

Y lli oesol a arllwysai
yr inc glas o ddwrn y clai
roes yntau mewn geiriau gwâr
â dwylaw ei gyd-alar.
Aeth, mi aeth. Rhoes ei themâu.
Hunodd; gwanwynodd ninnau.

Iwan

Dweud dim sydd hawsaf imi;
trin iaith sy'n haint arna i
â dwndwr ei fudandod
ym mêr holl esgyrn fy mod.
Pan fo pob cofio yn cau
ar fedd gŵr, derfydd geiriau.

Y gŵr talog ar glogwyn,
led troed o berygl y trwyn;
un huawdl uwch sŵn ewyn
a sant gwyllt uwch y Swnt gwyn
ar gerrig ffyrnig ei ffydd
â glaw Manaw'n Uwchmynydd.
Di-ofn o drwst dyfnder oedd –
rhôi'i grys ar graig yr oesoedd.
Enwai wŷr awdl Aneirin,
parhâi i weld y barcud prin
yng Nghwm-hir, yng nghymeriad
y tai lôn a phlant ei wlad.

Bu'n mabsanta'n y llannau, – drwy Wynedd,
     drwy ynys ei dadau;
adroddai glonc eu ponciau, – o dre i dre'n
     hel straeon eu ffeiriau
a'r tai miri a'r tymhorau – a aeth
     ymhleth ynddo yntau;
câi wleddoedd ym mol cloddiau – a derw
     Glyndŵr yn neuaddau
a dau fyd ei dafodau – yn cynnig
     acenion i'r lluniau
a gwyliodd doriad y golau'n lledu
     dros dir llwyd ei famau.

Buom yn teithio'r broydd,
yn rhoi i win fesurau rhydd;
torri gwe y bore bach
a'i wau mewn oriau hwyrach.
Dod ar bennill drwy Banwy,
Rhymni, y Gelli a Gwy
a byw ar chwedlau Buallt.
Y fo oedd Guto pob gallt,
gaucho y Merlot a'r mwg
ym mro Gwaun a Morgannwg.

Yr het, y llaw fawr,
y chwerthiniad cawr
        a'r dagrau cariad,
ac uwch pob dibyn
mi ganai mai hyn
        oedd ei ddymuniad:
bod beirdd sychedig
y ffyrdd bach cerrig
        yn byw i'w curiad
wrth hel a rhannu'r
gro gwyn a'r llwch du
        o gymydau'r stad
gan glywed alaw
Mai yn nhwll y glaw
        wrth fydryddu'u gwlad.

Lleidr yw'r bedd a llwyd yw'r byd.
Heb Iwan, aeth y bywyd
a anadlodd i'w genhedlaeth.
Byrddau'i gyffroadau ffraeth
a aeth, a'i wawch mewn gwefr wrth hel
geiriau o des y gorwel.

Garw i mi y grym oedd
yn wenwyn yn ei winoedd
a'r hen graig yn troi'n gregyn
a graean o dan y dyn;
ofnwn naid y Sauvignon
a môr niwloedd y meirwon.

Hanes nad yw mwy yno – ydi'i gorff;
cadw gŵyl yw cofio
stori'r daith ar ei stryd o:
y dyn yw'r chwedl amdano.
Y ddeufyd heddiw ddofwyd
i wneud lle i enaid y Llwyd.

Y mae'r hen afon yn arw'i thonnau
a'i dŵr bellach yn ddyfnder o byllau,
ond af â'm sgrepan ar hyd ei glannau
eto i gyhoeddi pont o gywyddau
ac er mwyn y gŵr a'r mannau di-stŵr,
er dued y dŵr, dod o hyd i eiriau.

Tynnu llo

Mae'r darfod yn dew, y pelydrau'n isel,
Rhedynnau gwaed yn crino ar y garth,
Mae Medi'n gadael ôl ei fawd ar y ddeilen
A'r cysgodion hirion yn chwedleua yn y tarth.

Marwaidd, ond melys, ydi oglau'r cloddiau –
Mae'r haf yn gwrthod ildio'i faes yn hawdd;
Ar ffordd yr A Pump, dau olau 'Cym Bwyll' yn fflachio
A pharcio brys fan Dôl Gam yn nhin y clawdd.

Dan liwiau'r llofrudd yn y derw a'r ffawydd,
Mae gŵr wrth goesau'r groth yn llewys ei grys;
Mae'r geni'n dynn, a choch yr hanner esgor
Yn llifo'n gymysg â rhedyn y ffridd a'r chwys.

Arafwn, a'r machlud yn ein llygaid, a dyna pryd
Y tynnir, yn erbyn yr haul, lo bach i'r byd.

Galw heibio

Weithiau fy llaw sy'n cyffwrdd dy law lwyd
wrth estyn y bwrdd bara: dim ond darn
o fasarn yn y cefn wrth hwylio bwyd -
dy anrheg inni - ac rwy'n oedi carn
y gyllell; dros ei wyneb, mae olion min
tafellu ein blynyddoedd yn y graen
a daw drachefn i'r gegin d'eiriau blin
nad oes yn aros ddim - dim, hollol blaen -
pan fydd eneidiau'n gadael. Od mai torri
bara, ffrind, sy'n dod â thi i'r tŷ,
gan ddod â thorth i'th ganlyn nad yw'n oeri
chwaith, yn chwa o gwmni cynnes, cry,
ac mi gawn rannu'r ennyd, cyn bod gwaith
i'r llafn, a thithau'n llithro'n ôl i'th daith.

Tud.

48   Y Gamp Olympaidd

Bardd sy'n fydryddreg fedrus ac yn hoff o ddefnyddio amrywiaeth mawr o fesurau ydi Wendy Cope. Mae mesur y drioled o Ffrainc wedi hen gartrefu mewn barddoniaeth Gymraeg, ond Wendy Cope ydi'r bardd cyntaf i mi ddod ar ei draws sy'n defnyddio'r ailadrodd yn y mesur i greu penillion dychanol neu ysgafn.

Derbyn Cymry i fod yn Saeson yn nhîm Lloegr; derbyn Cymru i fod yn rhan o diriogaeth *God save the Queen* – dyna oedd agenda slei bach rhai o wleidyddion London 2012. Ac roedd gennym wleidyddion yng Nghaerdydd a staff ar y cyfryngau oedd yn cofleidio hynny yn hollol ddall a diniwed, yn sefyll ar y stryd yng Nghaerdydd yn mynnu bod enw Cymru yn teithio'r byd – a baner gydag enw Llundain arni yn crogi y tu ôl iddyn nhw!

49   Y genhinen yn Twickenham

Yn amlach amlach, gwisgo cennin Pedr y bydd y Cymry wrth gefnogi eu tîm rygbi cenedlaethol. Welwch chi neb yno yn gwisgo hetiau mawr o blu estrys. Does gan y Plu swyddogol ddim oll i'w wneud â'r tywysogion Cymreig – cawsant eu codi oddi ar gorff brenin Bohemia gan fab Edward III o Loegr mewn brwydr imperialaidd ar dir Ffrainc yn 1346! Almaeneg ydi'r arwyddair ar yr arfbais. Mae'n amser moderneiddio Undeb Rygbi Cymru a mabwysiadu'r blodyn cenedlaethol ar y crysau cochion – cyfnod cystadleuaeth y Chwe Gwlad yw tymor blodeuo'r blodyn a dyna pryd y byddwn yn dathlu Gŵyl Ddewi. Cyn gornest Twickenham 2012 gwnaeth y tîm cenedlaethol safiad arbennig drwy wisgo cennin Pedr ar eu cotiau i ganu'r anthem – gan fynd yn eu blaenau i gipio'r Goron Driphlyg.

50   Y gwahoddiad

Hanes agoriad swyddogol ffordd osgoi Porthmadog yn Hydref 2011 yw cefndir hon – anfonwyd gwahoddiad uniaith Saesneg i'r ardalwyr gan adran drafnidiaeth y Senedd yng Nghaerdydd.

51   Iaith y galon

Mae nifer o gerddi'r adran hon yn tarddu o'r sioe 'Dal dy Dafod' a berfformiwyd yn gyntaf ym mhabell Maes C, Eisteddfod Wrecsam 2011. Aeth y criw â hi ar daith drwy'r gaeaf canlynol, gan groesawu Dafydd Iwan a Tecwyn Ifan atom ar rai nosweithiau. Dathlu hanner canmlwyddiant darlledu darlith Saunders Lewis, *Tynged yr Iaith,* a sefydlu Cymdeithas yr Iaith a wnâi'r sioe, gan olrhain taith yr iaith o'i gwreiddiau Celtaidd a Brythonig i'r tyfiant sydd arni heddiw. Cyfansoddodd Geraint alaw i'r tribannau hyn, a hon oedd cân agoriadol y noson.

52   Dic Siôn Dafydd

Ers Oes y Tuduriaid, trodd llawer o uchelwyr Cymru eu cefnau ar eu plastai gwledig a hen draddodiadau'r gymdeithas Gymraeg. Ei hel hi am Lundain a thai bonedd dinesig wnaethan nhw, gan droi cefn ar y Gymraeg wrth gyfnewid yr hen gôt o frethyn cartref am wisg fwy ffasiynol, a throi'n Saeson. Yn y ddeunawfed ganrif mi aeth llawer o Gymry cyffredin i'w canlyn – siopwyr, crefftwyr, masnachwyr. Roedd yna gymdeithas arall o Gymry yn Llundain oedd yn gymwynaswyr i'r Gymraeg. Yn eu plith roedd Jac Glan-y-gors, tafarnwr a bardd. Creodd gymeriad – Dic Siôn Dafydd – i ddychan y Cymry oedd yn gwadu'u mamiaith a'u diwylliant.

Mi ysgogodd baledi Jac gorff cryf o ganu dychanol a dyma ddilyn y patrwm – rhag ofn i ni anghofio pam y bu'n rhaid pasio deddf gwlad er mwyn gwneud y Gymraeg yn iaith swyddogol.

54   Gwilym Cowlyd a'r hwch

Argraffwr, cyhoeddwr a gwerthwr llyfrau yn Llanrwst oedd Gwilym Cowlyd, ac yn ei hen ddyddiau aeth yr hwch drwy ei siop. Fo oedd y masnachwr cyntaf yn y dre i gael ei daflu efo'i nialwch i faw'r stryd pan gafodd ei efictio'n gyhoeddus gan fwmbeilis y llys dyledion. Doedd y methdaliad ddim yn sioc. Roedd ganddo ddau yn helpu yn y busnes – mastiff mawr, cas yr olwg oedd yn cadw llygad ar ddarparbrynwr yn y siop tra byddai Cowlyd yn cynganeddu yn y cefn; a Robin Un Lygad (mae'r enw ar y bocs). Roedd y mastiff yn codi'i ben pan fyddai darparbrynwr yn byseddu'r llyfrau rhad ar y sliffoedd, a phan fyddai'n nesu at y llyfrau gwerthfawr byddai'n dechrau chwyrnu a dangos ei gilddannedd. Byddai Robin yn cadw un llygad ar y siop, un llygad ar y gwaith argraffu ac un llygad arall ar stiw cig ceffyl a choffi fyddai'n berwi ar y stof yn y gegin gefn. Na, doedd hi ddim yn syndod i bobol Llanrwst fod yr hwch wedi ymweld.

Ond roedd Cowlyd hefyd yn fardd. Roedd o'n llawer mwy na hynny – roedd o'n arweinydd Eisteddfod wrthryfelgar oedd yn herio'r National Fawr Seisnig oedd mewn bri yn y Gymru Fictorianaidd. Cynhaliai Cowlyd a'i griw Arwest flynyddol ar lan Llyn Geirionydd, lle ganwyd y bardd Taliesin yn ôl y chwedl. Iaith Taliesin oedd unig iaith y Steddfod, meddai Cowlyd, ac mi drefnodd Eisteddfod Gymraeg Gymreig Genedlaethol yn Llanrwst yn 1876 ac 1878. Yn 1891 daeth y Llall i'r dre gyda Clwydfardd yr Archdderwydd yn cynnal yr orsedd ar y sgwâr. Gofynnodd i'r dyrfa, 'A oes heddwch?' Atebodd honno yn gadarnhaol, ond wedyn dyma lais unigol nerthol Cowlyd yn gweiddi, 'Nid oes heddwch!' Gofynnodd Clwydfardd eilwaith a chael yn union yr un ymateb cymhleth. Ar hynny dyma Sarjant Edward Jones yn hebrwng Cowlyd o olwg y cyhoedd.

Hanner canrif go dda yn ddiweddarach daeth y Steddfod yn ôl i ffordd Cowlyd o feddwl a gweithredwyd yn ôl egwyddor y Rheol Gymraeg. Mi fu Gwilym farw'n dlawd a diymgeledd. Bu'i fedd heb garreg arno am bymtheng mlynedd ar hugain ar ôl ei farw. Heddiw, y Brifwyl Gymraeg ei hun yw ei ardd goffa.

55 Ffonio adra, 1964

Un o Ddyffryn Aman, sir Gaerfyrddin, ydi Mam yn wreiddiol, a thua'r unig adegau y byddwn i'n clywed Saesneg yn ein tŷ ni yn blentyn oedd pan fyddai hi'n trio ffonio adra. Nos Sadwrn fyddai hynny'n digwydd.

Noson gneud cacenni, teisennau a thartenni oedd nos Sadwrn acw ers talwm – digon am yr wythnos. Felly mi fyddai'r gwres yn uchel, y sosbenni'n clecian, y chwipiwr wrthi a'r plant yn cael aros ar eu traed yn hwyr i helpu. Arwydd o aeddfedrwydd oedd pa rysáit oedd dy un di. Os mai dim ond cymysgu coconyt efo tun Nestles Milk, gneud dynion eira bach a sticio hanner ceiriosen goch ar eu topia nhw – chwech oed oeddat ti. Os oeddat ti'n saith, roeddat ti ar y fflapjacs. Os oeddat ti'n wyth roeddat ti ar y sbynjis. Naw, torth frith ac yn y blaen. A Mam yn trio cadw trefn arnan ni, a gneud ei phetha ei hun.

Wel, a'i dwylo hi'n flawd a'i gwallt yn ei dannedd mi fyddai'n mynd o'r gegin gefn drwodd i'r cyntedd at y ffôn a mynd â chadair efo hi. Mi wyddai y byddai hi'n joban hir – ffonio adra i Dŷ-croes, Rhydaman, fyddai hi.

Bryd hynny roedd 'na alwadau lleol a galwadau pell – *long distance*. Doedd 'na ddim côd uniongyrchol i'w ddeialu, dim ond deialu 100 i gael cymorth opyretor yn y gyfnewidfa ym Mae Colwyn i gysylltu efo cyfnewidfa Rhydaman i rywun yn fan'no gysylltu â rhif cartra Tad-cu a Mam-gu.

Mi fyddai Mam yn deud enw'r dre – Rhydaman – a'r rhifau yn Gymraeg. *'Do you want a Welsh speaker? Hold on then'*. Dal a dal – a hyd yn oed os oeddan nhw yn cael hyd i *Welsh speaker* yn y diwedd, doedd honno ddim yn gwbod lle roedd Rhydaman chwaith. Hyn *bob* nos Sadwrn. Mi fuasai wedi bod yn llawer haws iddi brotestio unwaith ac yna bodloni ar ddweud *'Ammanford Six-Seven-Six'*. Mi ddysgais fwy na dim ond coginio ar y nosweithiau Sadwrn hynny.

56 Bodloni

I mi yn bersonol, darlith sy'n dweud bod tynged y Gymraeg yn ein dwylo ni yw geiriau enwog Saunders. Y paragraff mwyaf. arwyddocaol i mi yw hwn: *'A ydy'r sefyllfa yn anobeithiol? Ydy, wrth gwrs, os bodlonwn ni i anobeithio. Does dim byd yn fwy cysurus nag anobeithio. Wedyn gall dyn fynd ymlaen i fwynhau byw.'*

58 Llais

Rydan ni ar drothwy cyfnod o greu deddfau Cymreig, ond barn Peter Hain ar ôl canlyniad Refferendwm 2011 oedd bod Cymru wedi cael hen ddigon o ddatganoli am genhedlaeth. Dim ond dechrau ydi hyn, ta waeth be ddeudith o: 'a Chymru'n cychwyn ar ei hymdaith', fel y canodd Heather Jones. Dyfyniad arall gwerth ei gofio y dyddiau hyn yw hwn gan Charles Stewart Parnell: *'No man shall have the right to fix the boundary to the march of a Nation'.*

59   Iaith ar waith

Yn yr un flwyddyn ag y cawsom Ddeddf Iaith newydd, disgynnodd y nifer o gwestiynau llafar Cymraeg a gafodd eu cyflwyno gan Aelodau Cynulliad yng Nghaerdydd i 0.5%.

60   Gweld y pwynt

Digwyddiad go-iawn yn Chwefror 2011.

61   Englynion – Lydia Hughes

Fy hen athrawes Gymraeg yn Ysgol Dyffryn Conwy, Llanrwst. Hi oedd y gyntaf i gyflwyno'r gynghanedd imi. Merch fferm Penrhynydyn, Rhydyclafdy, Llŷn oedd hi yn wreiddiol, ac yn ddiweddar mi gefais sioc bleserus iawn o ddeall mai hi a arweiniodd losgwyr Penyberth dros y bryn o Rydyclafdy a dangos y ffordd iddyn nhw i Benrhos.

62   Llwybrau'r dŵr

Dw i wedi dod i nabod y Cymoedd drwy Steddfodau Glyn Nedd, Cwm Rhymni a Glyn Ebwy, drwy dripiau rygbi Nant Conwy i Ddowlais, Banwen, Glyncorrwg, drwy deithiau yng nghwmni ffrindiau, aros yn nhafarn y Bertie yn Nhrehafod a chynnal sesiynau barddoniaeth yn ysgolion y Cymoedd.

Yn Eisteddfod Glyn Ebwy, mi gawsom sgyrsiau sy'n aros yn y co: *'You from up North are you? Is it cold there?'*

'We've got friends up North – Wrexham, like. Never been to see them mind – too far. No, we see them on our annual 'olidays in Thailand.'

Ond roedd Big Pit yn brofiad o sut y mae hiwmor – hiwmor du iawn weithiau – yn medru cynnal cymdeithas dan warchae a'i galluogi i oroesi. Mi wisgai un o'r plant fflip-fflops brau am ei draed. *'Nice to see you modelling the latest safety footwear,'* oedd sylw'r glöwr oedd yn ein tywys dan ddaear. *'If you see any rats – don't you go and kick them. Only joking – there aren't any rats now. They've been eaten by the big mice.'*

Ond roedd o ddifri wrth ddangos y diffyg gofal a arweiniodd at danchwa Senghennydd, a sawl un arall.

Mae'r rhoi a'r rhannu yn gweithio ddwy ffordd. Do, mi gafodd Glyn Ebwy flas ar y Gymraeg ac awydd mawr i ddod yn nes at ei chymdeithas hi, ond mi gawsom ninnau hefyd gip ar hanes y cwm. Pe bai eu cryfder nhw yn ymuno â'n cryfder ninnau, mi fuasai ganddon ni genedl anorchfygol. Mae dŵr sy'n aros yn byllau o fewn ei lannau ei hun yn mynd i ddrewi yn fuan.

64 Rêl Sais, rêl Cymro

Yn aml iawn, mae'n anghywir cyfieithu defnydd y Cymry o'r gair 'Sais' yn 'Englishman'. Yn draddodiadol, cyfeirio at iaith person y mae'r term 'Sais' yn aml roedd Cymry'r Oesoedd Canol yn llysenwi Cymro yn 'Sais' os oedd yn medru siarad Saesneg. Dw innau'n nabod llawer sy'n dal i ddweud amdanyn eu hunain "Dw i fawr o Sais', gan olygu nad yw eu Saesneg yn rhugl iawn. Ond mae'r term 'rêl Sais' yn wahanol wrth gwrs. Eto, nid cyfeirio at hil gyfan sydd yma ond at y math arbennig o imperialydd trahaus yr ydan ni'n rhy gyfarwydd ag o yng Nghymru ers canrifoedd. Y cyfieithiad cywir fyddai 'John Bull'. Yr un tarddiad sydd i John Bull â'r gair 'bwli', synnwn i fawr.

65 Y llygoden, y twrch a'r alarch

Ar ddiwrnod canlyniad Refferendwm Mwy o Bwerau, 2011, roedd y paldaruwyr arferol ar y radio yn sgorio pwyntiau gwleidyddol. Un o'r dyfyniadau mwyaf cofiadwy oedd un Bill Hughes y Ceidwadwr: 'Mae isie ichi gofio bod pob hewl yng Nghymru yn mynd i Lunden.' Roedd y lleill wedyn yn sôn mwy am ganoli grym yng Nghaerdydd yn hytrach na datganoli a rhoi llais a grym annibynnol i'n cymunedau gymryd cyfrifoldeb dros eu dyfodol eu hunain.

66 Wyt ti'n anghofio?

Wrth baratoi ar gyfer sioe 'Dal dy Dafod', bu Geraint Løvgreen a minnau'n hel atgofion am hen ymgyrchoedd brwydr yr iaith. 'Wyt ti'n cofio'r noson honno yn Aberdyfi?' gofynnais i – ond nid oedd Geraint yn cofio amdani. Noson wirioneddol hyfryd a gwych yn ystod yr ymgyrch tynnu arwyddion ffyrdd. Tywydd gwanwynol, neb o gwmpas yn unman, lle cyfleus i daflu arwyddion (harbwr y dre) a digon o dargedau (*Towyn, Aberdovey, No Parking May–Sept*). Mi aeth llwyth mini bach ohonon ni o Neuadd Pantycelyn – Wati, Magwa, Geraint a minnau. Mi fuon wrthi drwy'r nos dan dynnu a thaflu dros hanner cant o arwyddion. Ond doedd Geraint ddim yn cofio – ac weithiau mae hynny'n iawn hefyd oherwydd mae yna ormod o gadw sgôr wrth ymgyrchu weithiau: faint o arwyddion, faint o weithredu, faint o achosion, faint o nosweithiau yng ngharchar. Symud ymlaen at y targed nesaf sydd ei angen, nid edrych yn ôl a chyfri'r medalau.

68 Llanandras

Un o drefi diddorol y gororau ydi Llanandras ym Maesyfed – mae'r ffin rhwng Cymru a Lloegr ar grib y bont dros afon Llugwy, sydd ychydig yn is i lawr nag eglwys Andreas Sant. Wrth fynd i fyny'r ffordd o'r afon at y Stryd Fawr, down at y Post ar gornel y ddwy stryd. Arwydd Cymraeg yn dynodi mai dyma'r Post cyntaf yng Nghymru sydd ar y talcen hwn. O'r cyfeiriad arall, arwydd Saesneg sy'n ein wynebu – yn datgan ffaith wahanol, mai hwn yw'r Post olaf yng Nghymru.

69 Cyfarwyddiadau cyfoes

Mae'n amlwg bod damweiniau ofnadwy'n digwydd oherwydd bod cymaint o nwyddau'n cyrraedd ein cartrefi drwy archebion ar y we y dyddiau hyn. Heb gyngor doeth gan siopwr gwybodus a heb gyfarwyddiadau ynglŷn â defnyddio gan fasnachwr profiadol, mi fyddai hi'n llanast llwyr oni bai bod rhestr fanwl o orchmynion a rhybuddion yn cyrraedd gyda'r nwyddau hyn. Cefais brintar newydd i'r cyfrifiadur yn ddiweddar. Ymysg y cyfarwyddiadau roedd hwn: 'Remove the Silica Pack from inside of the machine. Caution. Do not eat the Silica Pack.'

Cwestiwn: Ydi Silica Pack yn edrych yn debyg i becyn o greision? Ydi o'n swnio fel bocs o smartis? Ydi o'n ogleuo fel cyri? Pan fyddwch chi'n llwglyd, a fyddwch chi a) yn agor drws y ffrij neu b) yn agor fflap printar y cyfrifiadur?

Ond er mor amlwg ydi rhai o'r argymhellion yma, mae'n rhaid bod angen eu deud a'u deud nhw yn y byd sydd ohoni.

Y Gamp Olympaidd

'Mae enw Cymru ar y map!' –
Roedd gwleidydd bach yn dweud ei bader
Gan ddisgwyl inni goelio'n chwap
Fod enw Cymru ar y map,
Fod Prydain Fawr yn *good old chap* . . .
Ond enw Lyndn oedd ar bob baner
Pob bathodyn, côt a chap
Oedd gan y gwleidydd hoff o'r bader:
'Mae enw Cymru ar y map!'

Cennin Pedr, Nant Gwrtheyrn

Y genhinen yn Twickenham

Roedd cennin Pedr dan y Plu
Cyn mynd i'r maes i gipio'r goron;
Ar ôl llwy bren y dyddiau du
Roedd cennin Pedr dan y Plu,
Gan wneud eu cefnau'n ddigon cry
I gario'r gwanwyn aur i'r galon.
Â chennin Pedr yn lle'r Plu
Mi gaem ni lawer mwy na choron.

Y gwahoddiad

Ffordd osgoi Porthmadog, Hydref 2011

Camgymeriad bach gweinyddol
Oedd anghofio am yr iaith,
Dim byd sinigaidd na bwriadol,
Camgymeriad bach gweinyddol:
Llithro i'r Welsh Not arferol.
Yn nhrefn yr ymerodraeth faith,
Camgymeriad bach gweinyddol
Fydd anghofio am yr iaith.

Iaith y galon

Nid cariad at lythrennau
Na chariad at y synau
Ond caru'r byd sy'n fyw mewn iaith
Ar daith y cenedlaethau.

Mi welais iaith heb eiriau
Yn llygaid rhai o'r hogiau
A Siân yn plygu ar Faes-B
I godi rhes o begiau.

Mi glywais iaith maldodi,
Iaith mopio, iaith gwirioni,
A'r blodyn tatws siwgwr gwyn
Yn dynn o fewn ei siôl-hi.

Mi brofais iaith y briwiau
Yn cerdded dros f'ysgwyddau,
Dwy fraich amdana'i'n daw ar sôn
Yn angladd Siôn y Chwedlau.

Iaith merched mwyn a meibion,
Iaith plantos ac angylion,
Iaith cydymdeimlad dyn â dyn,
Pob un yn iaith fy nghalon.

Dic Siôn Dafydd

Baled ydi hon am yr hen Gymru werinol
Cyn bod deddfau iaith, cyfieithu ar y pryd na chyfarpar,
Pan ga'th John Jones, hen ŷd y wlad, ei holi:
'Are you married, Mr Jones?' *'No, – I'm a bajar.'*

Un tro, mi yrrodd lorri bob cam i Fanceinion:
Dinas ddyrys, a'r arwyddion i gyd yn rybish;
Holi'r ffordd heb ddallt gair, stopio ar rowndabowt
A chanu'i gorn – *'I'm lost, and my English is finish!'*

Nid na welodd y byd chwaith. Bu'n Llundain unwaith.
Y trên i Euston *'and then I took the test-tube to the sentyr'*.
I'r sêl Dolig, aeth â thair chwadan a cheiliog hwyad
Gan ddweud wrth y gwerthwr, *'I have three ducks and one... ducker.'*

Wrth chwilio am ddefaid colledig, mi ofynnodd i Sais hefo sbectol:
'Have you seen ships that belong to me through your glasses?'
'Do you mean ships with sails on them?' holodd hwnnw'n chwilfrydig;
'No, ships that eat grasses with JJ on their asses.'

Ymhen amser derbyniodd John Jones wŷs Saesneg i'r llys;
Os byddai dan anfantais, câi siarad ei iaith ei hun
Ond byddai'n rhaid iddo dalu am gael gyfieithydd yno;
Atebodd yntau, *'I speak good England. Tydw i ddim angan un.'*

Y cyhuddiad yn ei erbyn oedd ei fod wedi rhoi
Yn nhanc dîsl gwyn ei foto, ddîsl coch ei dractor;
Gofynnodd Cadeirydd y Fainc, 'Who is making these allegations?'
Cododd plismon pwysig a datgan, *'I am the aligetor'*.

Bu'n wael. *'Do you think it's an Ulster?'* gofynnodd i'r doctor;
'Y ferdical oedd bod rhyw anfadwch ar fy mhrostitiwt gland';
Roedd am i John fynd i'r ysbyty, nid fod o'n ddifrifol chwaith:
'Not to the Chronicle Ward,' fel dudodd o'n ei Susnag crand.

Roedd pi-pi i jar yn job ddelicet. *'Pass me the tymffyt plis'*;
Roeddan nhw'n gneud *'lafytri test ar fy sampyl dŵr'*;
Roedd y nyrsys yn galw'n y bora *'efo tethescop'* –
Doedd o ddim wedi cael cystal hwyl *'ers pan fus i ar Misery Tŵr'*.

Cyn hir roedd o'n dechrau laru ar fod yn ei wely:
'My heart is heavy as plym, I want to see my cow';
Roedd o eisiau hel y mynydd – *'End of the week it's going to be fat fog'*;
Roedd yn teimlo'n well: *'I'm standing on my sitting now.'*

'Pryd ga i fynd adra, nyrs?' 'Gofyn i'r sbeshalist fydd yma yn pnawn';
'I've got to go, sir, my farm will be like the House of Jerôm';
'Well how are you feeling today, Mr Jones?' *'Campus! Campus!'*
'I'm afraid if you ca'm piss, you can't go home.'

Gwilym Cowlyd a'r hwch

Drôrs ei waith yn y dŵr sur,
y teip mân fel tip mwynwyr,
oes ei eiriau yn siwrwd,
llyfrau'n balmantau drwy'r mwd:
sobor iawn; eto bu'n sbri
i daflu i laid ei faledi.

Un llygad ar ŵr llegach,
rhy hen ei ben fymryn bach;
gŵr rhy sownd wrth gario'i swydd
a'i ferwi'n rhy gyfarwydd.
Un llygad ar ei gadw'n
hen lew cas Syrcas a Sw,
un cloff ei hecl, hoff o haidd:
taranwr Fictorianaidd.
Ond gyda'r llygad arall
awn i gyd heibio yn gall.

Awn heibio heb ei nabod;
dweud dim, am ryw hyd, a dod
yn ôl a chanfod eilwaith
y wlad sy'n elwa o'i waith,
elwa o iaith fu dan lwch,
elwa o'r hyn fu'n nialwch.

Ffonio adra, 1964

o Lanrwst i Dŷ-croes, Rhydaman

Chwalu blawd yr iaith drwy'r gogor
Oedd dal arni ar egwyddor;
Troi llwy bren oedd mentro'i mynnu
Wrth gysylltu â de Cymru.

'Number please?' roedd Un i Naw
Yn Gymraeg yn codi braw;
Efo'i dannedd aligetor,
'English!' chwyrnai'r operator.

'What? Reedamman? Come again?
Sure it's not Red Oman then?'
Sheer Garfyrthin? Oh, my gra'ma!
Is that Sierra Guadarama?'

Oedd, mi roedd rhaid chwipio'r gwynnwy,
Gwasgu'r lemon yn ofnadwy,
Chwifio rholbren rownd y tŷ
Er mwyn siarad â Mam-gu.

Hon fu'n 'nysgu i dylino,
Hon roes fêr yng nghawl fy nghinio,
Berwi am ugain munud, bron
Cyn cael torri gair â hon.

Un rysáit oedd i bob teisen,
Un gymysgedd oedd ym mowlen
Cyfnewidfa Colwyn Bay:
'Cyfnewidiwch *what you say.'*

Bodloni

Beth yw iaith ein hanobaith ni? – Ceisio
　　Cysur drwy fodloni.
Mae 'na gardod mewn iaith tlodi, – geiriau'n
　　Ysgaru â phlwyfi,
Ond mae sicrwydd mewn swyddi, – aur y byd
　　Mewn drôr banc sy'n cyfri.
Gwyn a glân yw gwangalonni; – damio;
　　Gwneud dim, mynd i'r parti.
Beth yw iaith ein hanobaith ni? – Clywed
　　Y clo a distewi.

　　Overnight aeth fy nhafarn i – i Sgowsars,
　　　　Ac oes, mae otsh gin-i,
　　Ond no tjans, sgin i'm ffansi unrhyw waith
　　　　Ar ôl iddi nosi.

　　Y trai ifanc mewn pentrefi bychain?
　　　　Bechod, ond be 'newch-chi?

　　Anfonodd y Sat Nav inni fap heb sôn
　　　　Am sir Fôn na'r Fenni;
　　Ydi-o'n iawn? ond dyna ni – dwi ar wib
　　　　Fedra i ddim oedi.

　　Cracio yr hômwyrc ar Wikipedia
　　　　(Lwmp o uwd i'w drosi).

　　Un o Reading 'nes i 'i phriodi, – mam
　　　　Fy mhlant mân; dwi – sorri –
　　'n ddyn larwm, yn ddyn lorri; – yn ei hiaith
　　　　Mae hithau'n eu codi.

Dod i oed y prawf, rhoi 'D' – ar y car,
Ond mae'r ciw'n fy lladd-i:
Arafwch cyn cael ein profi; – haws'ni
Ga'l o'n Susnag, tydi?

A beth wnaiff gobeithio i ni? – ein beichio
Â byd bach o boeni,
Ein gyrru'n llesg drwy'r gwêr yn llosgi – i nos
Ynysig; traddodi
Helyntion hon i'n plant ni – a'u troi at
Yr un anfodloni. . .

. . . Nes rhoi ias o oroesi'n hwyr y dydd
Ar Daf ac ar Deifi.

Llais

Muriau oedd ein 'Cymru Rydd'
a phaent ar dai a phontydd:
geiriau'r ffeit yn graffiti
liw nos ar ein waliau ni.

Heddiw, mae'r hen arglwyddiaeth
yn fur cwymp, ac arfau'r caeth
yw gorymdaith ei iaith o –
gwerin â deddf i'w geirio.

Byw rhyddid, nid byw breuddwyd
a wna'r wlad; daw o'r siambr lwyd
gynnydd heolydd ei haf:
dat-gloi'n ei deud-hi glywaf.

Iaith ar waith

Mwy na siarad sy'n cadw
afiaith iaith, a drych o'i thw'
oedd ei rhoi, wedi brwydr ddrud,
yn dwt ar lyfrau statud.

Mae hawliau fu'n ymylol,
yr hen werth a'r bri yn ôl
yn glir, mae'n swyddogol un
â hawliau yr hen elyn.

Ond yn anterth ein chwerthin,
gwae'r rhai sy'n tagu ar win:
i hoelio'i hawl ar lawr gwlad,
yn siŵr, rhaid inni'i siarad.

Gweld y pwynt

Llais yn y stadiwm newydd yn Leckwith Road:
Cyhoeddiad prifddinesig, fel y dylai fod,

'Y Gleision: Saith; y Gweilch ar Un ar Bymtheg',
Cyn llyncu'i boeri ac ychwanegu'n Saesneg,

'Cardiff Blues have Seven; Ospreys: Fifteen'.
A dwedodd cymydog o Walch bach blin

Fod ffenest newydd ar fyd i'w chael ymhob iaith,
Nad ydi sgôrs rygbi yn cyfieithu chwaith.

Lydia Hughes

Ei sgwrs oedd gwres ei gwersi, – creu a gweu
　　O bob gair, goelcerthi,
　　A'i chennad oedd gwreichioni
　　Eithin iaith yn ei thân hi.

Nant Gwrtheyrn

Yn y niwl ar glogwyn olaf Gwrtheyrn,
　　O groth oer y gaeaf
　　Gwag o liwiau, mi glywaf
　　Eto'r iaith sy'n paentio'r haf.

Daw dydd

Berwi o hyd am well bro, – hiraethu
　　Dros ryw iaith sy'n cilio,
　　Gwneud stŵr er mwyn cadw'r co' –
　　Gwyn ein byd pan gawn beidio.

Gwên y glöwr

Tasg ymryson tîm Llŷn ac Eifionydd
yn Eisteddfod Genedlaethol Glyn Ebwy, 2010

Eu dannedd fflachiai'r dynion – yn wyneb
　　Y gwythiennau duon,
　　Rhoi ar wg y ddaear hon
　　Oleuadau'r gwaelodion.

Llwybrau'r dŵr

y daith o Eisteddfod Glyn Ebwy

Lle gwlyb yn llawn pyllau glaw
yw dolydd mwdlyd Alaw.
Mae mignedd y Carneddi'n
ddi-naid drwy'n siglennydd ni
a sawr hen lysnafedd sydd
ym mrwyn piblyd Meirionnydd.

Gwaeledd gwythiennau'r galon
sydd ym mawn a chorsydd Môn
a dof ei frwyn a di-frys
yw llyn dŵr Coed Llwyndyrys.
Mae ynom ryw sug tomen,
tagwr nant a'i groen yn hen
yn y cwm; mae'r ffos yn cau
rhedeg; di-gân yw'r rhydau…

…fel y pwdel ar frig pwll.
Cawodydd yn y ceudwll
yn llyn o ddyfnder llonydd,
blodyn du'n llygad y dydd,
dagrau dan argae'r hen waith
a'u siom heb fflysho ymaith.

Lle mae'r gaib a lle mae'r gerdd
a'r giang a'r môr o gyngerdd?
Pam na chlywaf y nafis
o dop y rhiw'n trafod pris
agor hafn a'r lli yn gry
a'i wyneb yn llawn canu
o gwm i gwm? – nes bod Gwy
yn obaith yng Nglyn Ebwy,
Menai'n nŵr Rhymni a Nedd
a Mynwy'n llam i Wynedd.

Rêl Sais, rêl Cymro

Ar fferi'n gadael Caergybi, mae'n chwifio'i law
Yn y ffenest fel cartŵn o Disneyland
Gan ffarwelio â Môn a'i glannau draw
Gyda sicrwydd Capten Cook – *'Bye-bye England!'*

Dyma fo eto – hwn sy'n gwrthod bagio
Ar lôn gul, gan wthio'r nêtifs mwyn
I'r ffosydd; hwn fu'n llenwi cymoedd, gwagio
Tir comin: ar bum cyfandir, yn hen law ar ddwyn.

Awn i'r caffi o'i ffordd. Estyn brechdanau
Ac yn y lle talu, yn galw 'te' yn *'tea'*
Wrth ordro, gan adael yr iaith wrth adael ei glannau
A'i chadw'n saff fel sterling yn ein waledi ni.

'Cymraeg dach chi?' Clywsai dyn y til ein mân siarad
Ac mae'n camu dros gownter ein swildod ffôl –
'Pidiwch deuthyn-nhw, ond gewch chi'r banad
Am ddim, 'rhen fois!': yn hen law ar ddwyn yn ôl.

Y llygoden, y twrch a'r alarch

wrth wrando ar y radio ar daith ar bnawn
cyhoeddi a thrafod canlyniad Refferendwm 2010

Mewn twll ar yr A5, clywais lygoden
Yn sôn wrth ei phlant am 'balmantau Llunden'.

Tra oedd twrch ar ei dwmpath yn hen faes ei dadau
Yn rhoi pellter rhyngddo a'r fath sylwadau.

'Drwy symud pridd,' meddai'r twrch, 'a chreu tro
A gosod arwyddion ar hyd y fro,

'Does dim rhaid i bopeth lifo i Lundain:
Mi allwn ni gael ein Llundain ein hunain.'

'Twt,' wfftiodd hithau, 'ddim llawer o beth,
Hanner yr heulwen a dwywaith y dreth.'

'Pwyll,' meddai'r twrch, 'priodoldeb a sens,'
Gan dynnu o'i felfed sblintars y ffens.

Ar hyn dyma alarch ar afon Menai
Yn gadael y glannau, cychwyn ar siwrnai;

Cyffro gadael glan yn ei waed
A rhyw nerth o'r newydd yn gyrru ei draed,

Yn gweld ei ffordd drwy'r cerrynt a'r tarth
Ac yn bwrw i'r dwfn rhwng y Gored a'r Garth.

Wyt ti'n anghofio?

Be wnest ti yn y Chwyldro, 'Nhad?
Pan oedd eithafwyr hyd y wlad
A phlant y deffro yn y gad?
Wel, erbyn hyn dwi ddim yn siŵr ...
Dwi'n cofio canu am Glyndŵr
A thyfu 'ngwallt a chadw stŵr ...

     Mynd i Rali a mynd am beint;
     Gwrthod talu, o flaen y llys;
     'Ni symudwn' a chael fy llusgo,
     Colli botwm ar fy nghrys.
     Mae'n rhaid 'mod i yno ar y pryd,
     Mi faswn i'n cofio gneud dim byd.

Oeddat ti'n un o'r enwau mawr
Pan oedd arwyddion yn dod i lawr?
Est ti i'r bwlch pan ddaeth yr awr?
Wel, ro'n i'n arfer cario lli'
Ond does 'na'm cadw sgôr i mi
A dwi 'di taflu'r crysau-T.

     Anerchiad hir mewn cyfarfod cell,
     Protest arall a heddlu cudd
     Dawel nos yn Aberdyfi
     A seins yn sblash yn y cei cyn dydd:
     Mae'n rhaid 'mod i yno ar y pryd,
     Mi faswn i'n cofio gneud dim byd.

Rhaid cael sianel oedd barn y panel,
Darn o'r gaea mewn tŷ ha,
'Trais' a 'Brad' yn eiriau handi,
Panad arall fasa'n dda:
Mae'n rhaid 'mod i yno ar y pryd,
Mi faswn i'n cofio gneud dim byd.

Oes gen ti record ac ambell graith?
A gei di fedal Brwydr yr Iaith?
Dim parêd na chofgolofn chwaith?
Dwi'n dal yn rhy agos at yr oed,
Dal ymhell o ddod at fy nghoed;
Dal yn rhy agos, fel erioed.

Llanandras

Ym mhlwy Llanandras, Llugwy ydi'r clawdd
rhwng ffriddoedd ŵyn Maesyfed a llawr gwlad
y gwenith – hen dir cynnen, ond mae'n hawdd
anghofio heddiw â'r lle mor ddiberswâd.
Mae acen Henffordd wedi dod ar draws
y sgwrs a gawn yr ochr hon i'r lli;
yn ôl y *shire* maen nhw'n enwi caws
ac Offa piau enwau'i siopau hi,
heblaw y Post Brenhinol: ar un stryd
Gymraeg – 'y cynta' yng Nghymru' meddai'r sein,
ond ar stryd Saesneg arall, mae hi'n bryd
ffarwelio gan mai'r *'last in Wales'* yw'r lein.
A dyna'r ffin – wrth ddewis pen dy daith,
yr wyt ti'n croesi'r dŵr a dewis iaith.

Cyfarwyddiadau cyfoes

Agorwch y peiriant a thynnu'r pecyn silica.
Taflwch i'r bun ailgylchu. PEIDIWCH â'i fwyta.

Ar ôl dadbacio eich sét o silffoedd gwydr,
Peidiwch â neidio arnynt mewn welingtons budr.

Llongyfarchion. Mae'ch barbeciw newydd wedi glanio.
Tynnwch y cyfan o'r bocs cardbord cyn tanio.

Os am gadw eich matres yn sbringar a sofft,
Gwell peidio â chadw'r JCB newydd yn y llofft.

Cyn eu gwisgo dros freichiau ac ysgwyddau,
Tynnwch yr hangyrs sydd tu mewn i'r crysau.

Ac ar ôl ymgyrchu ar hyd y canrifoedd maith
A llwyddo i ennill grym swyddogol i'r iaith,
Oes rhaid eich atgoffa i'w rhoi hi rŵan ar waith?

Gwên y briodas

Mae'r wên, Mari Rhiannon,
yn des haf drwy'r briodas hon,
fel heulwen llanw'r Fenai
a'r winc sydd ym mhyllau'r trai;
gwên ein Elen o'r hen oes
a gwên bywiogi einioes.

Y wên mewn ysgub wenith
a'r golau hwyr ar y gwlith;
gwên deilen yn hydre'r daith
a gwên ailgychwyn ganwaith;
gwên hardd y gwanwyn o hyd
a haf Mihangel hefyd.

Gwên hen nain, a gwên enaid
a wnaed o aur gwên ei daid;
gwên y crud, gwên cariadon
a'i chnwd o'r hen geirchen hon;
gwên mamau, hadau a mes
a gwên ein hen, hen hanes.

Gwên gref sy'n esgyn o'i gwraidd;
gwên Dwynwen; gwên Faldwynaidd;
gwên y gân yn y geni;
gwên y mis bach; gwên Maes B
a'r wên, Mari Rhiannon,
o fyw gydag Edward Vaughan.

Ar ddydd eich priodas

Yn Ebrill, ewch am Gadair Ifan Goch
I gyfri pres y gog a dechrau byw;
Gorffennaf, am y Foel i glywed cloch
Y bugail a chân ehedydd uwch ei gyw;
Ym Medi, tro glan'rafon, dail ynghynn
A'r eog yn ei ôl yn tasgu i'w waith;
Yn Rhagfyr – am goed Gwydir, brigau gwyn
Yn rhoi rhubanau'r dyddiau da i'r daith.
Cerdded y cylchoedd golau, dyna wnewch;
Nid yn eich unfan chwaith – pob un tro
Yn gweld canghennau'n ennill tir, a chewch
O hyd i lwybrau newydd mewn hen fro;
Bydd rheiny'n llwybrau fydd yn caniatáu
Fod lle wrth ochrau'ch gilydd: llwybrau i ddau.

Camelia, Bwthyn Cwrt, Clynnog Fawr

Ar drwyn y penrhyn

Gwynt a glaw, mae'r tywydd yn troi o hyd:
Daw cawod sydyn o'r swnt a'n dal yn syn
Mewn ffenest sydd yn olau at y byd.

Eiliad o lygaid clir ar adfeilion mud
Y Blasged, yna'r cymylau'n cyrraedd cyn
Y gwynt a'r glaw; mae'r tywydd yn troi o hyd.

Niwl môr dros yr ynysoedd, ac mae crud
A chartref yn diflannu, dim ond ffyn
Mewn ffenest sydd yn olau at y byd.

Mae rhai'n gweld perlau'r haul mawr drud
Tu hwnt i linell goll y gorwel gwyn
Drwy'r gwynt a'r glaw; mae'r tywydd yn troi o hyd.

Ac weithiau, heb i neb ddarogan pryd,
Clywir eto hen gân y glannau hyn
Mewn ffenest sydd yn olau at y byd.

Ar benrhyn y machlud gwyllt, dyna'r hud
I gariadon sy'n dal eu dwylo'n dynn
Drwy'r gwynt a'r glaw: mae'r tywydd yn troi o hyd
Ond ffenest olau sydd at swnt y byd.

Rhyd-sbens

Dyddiau'r cennin Pedr oedd hi, pan ddoist
i'r dafarn borthmyn ar y ffin, ar hyd
y llwybrau sy'n y galon. Yno rhoist
dy dda'n y gorlan fach a chroesi'r rhyd
i eistedd yn yr haul. Rhwng gwyn a du
y waliau hwyr mi daflai'r boncyff pren
ei wres yn lân, a chan mor hoff y tŷ,
doedd fawr o ludw ar yr aelwyd wen.
Bob tro y gwelaf glawdd o'r blodau hyn
ar groesffordd Mawrth, daw'r gwanwyn hwnnw'n ôl;
Bob tro y gwelaf gornel gynnes, dynn,
mi gofiaf am y simnai fawr a'r stôl,
am ardd mewn heulwen cynnar wedi'r glaw,
am nant pan ddoist drwy'r lli i'r ochr draw.

Englyn priodas

Ewch o raean ei glannau – i rannu
    Cyfrinach ei phyllau,
    Afon yw hi sy'n dyfnhau
    Yn nhaith eich cariad chithau.

Ar gerdyn i gariad

Mae'n wir fod fy llygoden – wedi'i dal
    Yn dynn yn fy weiren,
    Ond rhof er mwyn ein Dwynwen
    Iddi gaws bob dydd â gwên.

Dwy galon

Dwy galon ydi'r Eifl o'r lôn yng Nghlynnog Fawr,
Dwy galon yn ei gilydd yn clywed coch y wawr.

Dwy galon ar y cribau a Llanddwyn draw yn wyn
A gwlad yfory'n mystyn o'r traeth i'r meini hyn.

Mae dringo'r llethrau'n haws i'r rhai sydd law yn llaw;
Mae waliau Ceiri'n gysgod â chenllysg yn y glaw.

Mae melyn ar yr eithin drwy gylch y flwyddyn gron
A modrwy yw'r gorwelion o'u gweld nhw o'r fan hon.

Mae graen y creigiau'n rhedeg gan siarad yr un iaith;
Mae curiad cŷn yn canu lle mae 'na olion gwaith.

A phan ddaw'r niwl o'r môr ar ôl y trai'n yr haf
Gan ddringo'r allt o'r Nant, a gaddo tywydd braf –

Bydd hwnnw'n eich cofleidio, waeth lle mae'r gwynt yn troi;
Un curiad mewn dwy galon yw derbyn gair a'i roi.

Priodas mewn eira

Y wawr ddaeth â'i llesteiriant:
eira'n wal i lawr y Nant
a gwag ar eu diwrnod gwyn
oedd hedd yr heth i'r ddeuddyn.

Rhawiau gwyllt drwy'r pentre i gyd,
dyfal wneud prydau hefyd
a neithior o dractorau
yn lôn ddewr ymlaen i ddau.

Dwyn o ddwrn, sidan o ddydd
a'i ailwnïo fel newydd;
drwy luwch a llymder y wlad
agorwyd ffordd i gariad.

Priodas ar Draeth Mawr

Ar Draeth Mawr mae'r Cesig Duon
Yn galw'r môr at ddŵr yr afon;
Gam wrth gam y dawnsia'r tonnau –
Felly i Dudra'th y down ninnau.

Canu'r dydd mae afon Nyfer
Ac mae côr yng nghoed yr aber;
Alaw Awst sy'n hir ei nodau –
Felly'r alaw'n ein calonnau.

Yn y Parrog, teim y cloddie
Sy'n croesawu'r morwyr adre;
Gwisgo blodau eu llawenydd –
Felly y dôn nhw at ei gilydd.

Ar Garn Ingli daw'r cymylau
Yn y nos yn isel weithiau,
Eto'n olau gan angylion –
Felly bo'r nosweithiau duon.

Ar y Feidir Wynt mae Tachwedd
Yn cribinio'r dail â'i ddannedd
A daw Mai i chwythu cusan –
Felly y daw eich cerdd yn gyfan.

Gwyn i gyd fel gwisg briodas
Ydi adar môr Pendinas,
Gwyn yw'r ewyn dan y lleuad
A gwyn yw'r byd â dau mewn cariad.

Yng Nghwm Gwaun, mae gwin cerddinen
Yn gwresogi'r cwmni llawen;
Felly yn Awst y codwn wydrau
I yfed iechyd da i'w dyddiau.

Dau ar y traeth

O'r gorwel, brig o gariad
a ddaw drwy'r glaw i dir gwlad:
tywynnog fesul tonnaid.

Byw ei lwybr, a'r gwynt o'i blaid;
daw â'i wres at gorff o draeth
a hawliau'r chwerthin helaeth
yn ei hwyl; angori'i hun
yn nhre penllanw'r ewyn.

Ei oleuni'n y glannau
sy'n darganfod dwylo dau;
gyda'u gwefr yn gysgod gwynt
ac oriau'r bae digerrynt
yn heulwen drwy'u gwythiennau,
ni all eu Awst fyth bellhau.

Nes clywir tynged Medi
yn ei darth llwyd wrth y lli
a'i hugan oer dros ddau gnawd
yn cwympo, gan ddal cwmpawd
yfory i ddau gyfeiriad:
dau li, dwy le a dwy wlad
wahanol yn eu tynnu.
Rhwyf i'w hynt yw'r haf a fu.

Eithin ar Fynydd Carguwch

Cyflwyniadau

Tud.

85 Mewn undeb mae rhyfel

Rhwng bwyta hot dogs mewn gêm bêl-fasged yn Ohio a
sefyll o flaen meics yn moli'i gilydd wrth flodau gerddi'r
Tŷ Gwyn yn Washington, cyflwynodd Barack Obama a
David Cameron eu gweledigaeth o werth y Taleithiau
Unedig a'r Deyrnas Unedig ym Mawrth 2012. Eu lluoedd
arfog oedd eu cyfraniad mawr i'r byd, medden nhw.
Mae'n amser gadael Afghanistan – mae'r rhyfel yno wedi
para'n ddigon hir ac mae pobl wedi laru, meddai Obama.
Mae'n amser plismona Iran a pharatoi'r cyhoedd ei bod
hi'n amser mynd i ryfela yno, meddai Cameron. Mi gofiais
ddatganiad un o hen fechgyn Llanrwst ym Mhen-y-bryn
flynyddoedd yn ôl: 'Be gawson ni gan yr United Kingdom
ond cofeb ym mhob tre a phentre drwy'r wlad 'ma?'

85 Recriwtio mewn ysgolion

Mae colofn wythnosol Hefin Jones yn *Golwg* yn dadlennu
ffeithiau a ddylai fod yn hysbys i ni i gyd, ond yn anffodus
dyma'r ffeithiau mae'r newyddiadurwyr Prydeinig
Cymraeg yn eu hanwybyddu. Yn ddiweddar roedd yn
nodi mai dim ond tair gwlad yn Ewrop sy'n caniatau i'w
lluoedd arfog fynd i ysgolion i recriwtio: Cymru, yr Alban
a Lloegr. Ym mhen arall yr yrfa, mae un o bob deg
carcharor yng Nghymru a Lloegr yn gyn-aelod o'r fyddin.
Mae pres y fyddin yn dderbyniol wrth hysbysebu ar S4C,
ond mae hysbyseb dros heddwch gan Gymdeithas y
Cymod yn cael ei gwahardd am ei fod yn 'rhy ddadleuol'.

86 Cysgwch yn dawel

Wedi Fukushima, a'r ddamwain niwclear erchyll yn Japan
yn dilyn daeargryn a swnami yn 2010, argymhellodd
llywodraeth America fod eu cyd-wladwyr yn cadw'n glir o
ddarn o dir dwywaith maint Môn o gwmpas yr atomfa
ddrylliedig... Cyfansoddwyd ar gyfer noson Cymdeithas y
Cymod, Caernarfon.

88 Sneipars

Addasiad o gerdd Roger McGough, ar gyfer yr un noson.

90 Gawn ni ddrafft arall, Aneirin?

Wrth ei gyfarfod ar safle'r Catterick Garrison yng

Nghatraeth yn 2007, roedd gan swyddog recriwtio'r *Irish Guards* ddiddordeb mawr yn y traddodiad milwrol arwrol sy'n cael ei bortreadu yng ngherdd Aneirin i'r Gododdin. Jyst y peth, medda fo, fel deunydd cyhoeddusrwydd ar gyfer denu aelodau newydd i'r fyddin! Tybed?! Iaith gignoeth a darluniau digosmetig o ryfel sy'n nodweddu canu Aneirin; iaith sy'n celu gwir erchylltra yw iaith gohebwyr a swyddogion gwybodaeth y fyddin heddiw. Dweud *'friendly fire', 'collateral damage'* a *'neutralise the enemy'* sy'n gywir ar gyfryngau cyfoes. Mae'n reit amlwg beth fyddai ymateb y swyddog i sgript hysbysebu yn arddull Aneirin.

91 Gwrthod

Digwyddiad ar faes y Sioe Fawr, Llanelwedd. Mae'r fyddin wedi dwyn gormod o diroedd amaethyddol yng Nghymru; mae'r llu awyr yn niwsans efo'u hedfan isel – fedra i yn fy myw ddallt pam mae'r lluoedd arfog yn cael lle mor amlwg yn y sioe honno.

92 Mustar Ffrensh

Ganddo fo roedd y tryc gora yn ein tai teras ni yn y Cefnydd, Llanrwst pan o'n i'n hogyn bach – cadair olwyn wiail, yn cael ei gyrru gan djaen beic roedd o'n ei throi efo handlan, efo cloch fach o dan yr olwyn ddannedd. Flynyddoedd wedi hynny y sylweddolais i mai wedi colli defnydd ei goesau yn y Rhyfel Mawr oedd o. Pan oeddwn i'n deirblwydd oed doedd gen i ddim Saesneg, a doedd o ddim yn siarad Cymraeg, ac felly pan ofynnais iddo un diwrnod gawn i roi tinc ar ei gloch, ddalltodd o ddim ac mi gychwynnodd droi'r handlan i fynd ymlaen ar ei daith. Doeddwn innau ddim wedi disgwyl am ateb ac roedd fy llaw rhwng y jaun a dannedd yr olwyn ar y pryd. Mi dorrais bedwar bys ar fy llaw chwith a chael wyth ar hugain o bwythau ar ôl glanhau'r gwaed a'r olew. Dwi'n cofio gweiddi ond dwi ddim yn cofio'r boen – a heddiw, poen Mustar Ffrensh ei hun sydd ar fy meddwl i. Sut oedd o yn teimlo, yn methu codi o'i gadair i roi help llaw. Am wythnosau ar ôl hynny, mi fyddai'n dod y tu allan i'r tŷ ac yn canu ei gloch i gael gwybod sut ro'n i'n gwella.

94 Coch neu wyn

Mae 'Pabi Coch' a seremonïau Sul y Cofio wedi bod yn

faterion dadleuol erioed. Gan eu bod dan ofal y Lleng Brydeinig, mae'n anorfod eu bod yn cael eu cysylltu'n glòs â militariaeth, Prydeindod a hyd yn oed jingoistiaeth a recriwtio, yn hytrach na'u bod yn symbolau rhyngwladol o gofio dioddefaint rhyfel. Does dim 'cyn-elynion' yn cael eu gwahodd yno i gynrychioli'r heddwch sydd bellach rhwng y gwladwriaethau fu'n rhyfela – mor wahanol i Ddiwrnod Anzac ar 25 Ebrill yn Awstralia pan fydd cynrychiolwyr o Dwrci, Siapan a'r Almaen yn mynychu'r gwasanaethau cofio.

Mae'r ysbrydoliaeth a gysylltodd y pabi coch â chofio am y milwyr a gollwyd yn y Rhyfel Mawr yn wreiddiol yn peri pryder i lawer. Cerdd Cyrnol John McCrae oedd honno – 'We Shall Not Sleep' (a ailenwyd yn ddiweddarach yn 'In Flanders Fields'). Cafodd ei chyfansoddi yn 1915 ac mae propaganda erchyll y rhyfel imperialaidd honno yn cael ei hadleisio yn y llinellau clo:

Take up our quarrel with the foe:
To you from failing hands we throw
The torch; be yours to hold it high.
If ye break faith with us who die,
We shall not sleep, though poppies grow
In Flanders Fields.

Dal ati i ymladd y frwydr i'r eithaf – dyna neges y gerdd. Nid heddwch, nid rhoi'r gorau i ladd a dinistrio – ond ymdynghedu i ddal ati i ryfela a bod hynny'n arwydd o barch at y milwyr a gollwyd drwy ryfela.

Bu fy nhaid a fy nhad-cu yn y Rhyfel Mawr, ac er na chlywais lawer ganddynt am eu profiadau yn Ffrainc, dwi wedi darllen digon i fedru dychmygu'r uffern y bu'n rhaid iddynt ei ddioddef. Daeth y ddau adref yn weddol ddianaf, ond gwn i'r ddau wrthod yn lân â noddi'r Lleng Brydeinig drwy wisgo'r pabi na mynychu seremonïau militaraidd Sul y Cofio ar ôl y rhyfel. Fel yn hanes llawer o gyn-filwyr eraill, gwarth yr iawndal prin a dderbyniai gweddwon, plant a'r milwyr a anafwyd yn ddrwg oedd gwreiddiau eu chwerwedd. Trowyd dioddefwyr yn gardotwyr, i hel ceiniogau drwy werthu blodau papur yn hytrach na bod yr awdurdodau yn gofalu amdanynt.

Gyda chymaint o golledion sifil yn yr Ail Ryfel Byd aeth elusen sy'n canolbwyntio ar golledion milwrol o un ochr yn fwy diystyr fyth. Dechreuwyd yr arfer o werthu pabi gwyn – blodyn yr heddychwyr – gan Urdd y Merched yn 1933 ac mae pabi porffor ar gael hefyd, i gofio am yr holl anifeiliaid a ddioddefodd mewn rhyfel. Eisoes, mae nifer yn mynegi barn y dylai canmlwyddiant cofio dechrau'r Rhyfel Mawr yn 2014 arwain at ddull llai dadleuol o ddwyn yr holl ddioddefaint i gof.

95 Y cadfridogion

Pan welwn luniau o'r Rhyfel Byd Cyntaf, yr hyn gawn ni fel arfer yw cip ar erchylltra'r ymladd yn y ffosydd, llinellau hirion o feddau unffurf, neu bortread o wyneb ifanc mewn dillad milwr. Annisgwyl oedd dod ar draws y darlun anferth hwn yn yr oriel yn Llundain – cyfansoddiad gwneud gan yr artist ei hun ydi o, wedi defnyddio ffotograffau o'r gwahanol gadfridogion i greu rhyw 'aduniad' bedair blynedd ar ôl i'r gynnau ddistewi. Mae rhai o'r cyhoeddiadau newydd sy'n ailasesu hanes y Rhyfel Mawr yn barod ar gyfer y canmlwyddiant mewn dwy flynedd yn tueddu i fod yn fwy trugarog at y cadfridogion – mi wnaethon nhw joban reit dda, chwarae teg. Lladdwyd chwe miliwn bron gan y brwydro, y rhan fwyaf ohonyn nhw yn llanciau.

96 Dewis dewis dau ddwrn

Yn y Chwaraeon Olympaidd yn Ninas Mecsico, 1968 - blwyddyn lladd Martin Luther King, dwysáu'r rhyfel yn Fietnam a haf o brotestio yn ninasoedd America - cododd dau redwr du o America eu dyrnau mewn menyg i'r awyr a gwyro eu pennau fel mewn gweddi wrth dderbyn eu medalau, gan ddistewi'r dyrfa a'r sylwebwyr. Roedd y trydydd ar y podiwm, rhedwr gwyn o Awstralia, yn gwisgo sticer hawliau dynol i gefnogi'r ddau arall. Anfonwyd Tommie Smith a John Carlos yn syth yn ôl adref i America ac anwybyddwyd Peter Norman gan Bwyllgor Olympaidd Awstralia fyth ar ôl hynny.

Mewn undeb mae rhyfel

'Wrth ddod o ryfel,' meddai'r ddwy,
'Ein Hundeb fawr sydd eisiau newid.'
A hel y maent am ryfel mwy –
Wrth ddod o ryfel, meddai'r ddwy:
'O blith eich plant, dewiswch hwy
Y rhai gaiff farw dros ein rhyddid.'
Wrth ddod o ryfel, meddai'r ddwy:
'Mewn Undeb fawr, does dim yn newid.'

Recriwtio mewn ysgolion

Gadewch i'r caci ddod i'r iard
A dewch i chwarae rhyfel, blantos;
Ni ddaw y fwyell ar bob ward
Os cawn ni'r caci yn yr iard;
Mae isio blastio pob blagárd
Sy'n dysgu cymod cyn Comandos;
Gadewch i'r caci ddod i'r iard
A dewch i chwarae rhyfel, blantos.

Cysgwch yn dawel

Ni fydd llosgfynydd yn sir Fôn;
Ni fydd concrid yn crynu, dur yn diferu
na llwch yn lladd. Felly tewch â sôn –
Cysgwch yn dawel.

Mae eich pensiynau mor saff â'r banc.
Os oes rhaid gweithredu, gallwch fentro bryd hynny
y bydd gwybodaeth arbennig gan daflegryn a thanc.
Tynnwch y llenni. Cysgwch yn dawel.

Gall hen beryglon genhedlu a byw yn hŷn
yr un fath â ninnau; ond wrth ddiffodd y golau
cofiwch fod diogelwch newydd dan fysedd dyn.
Cysgwch yn dawel.

Mae'r ffigwr oedd neithiwr yn nod, heno yn ffaith.
Mae eich gwastraff wedi'i rannu rhwng biniau ailgylchu.
Daeth y broblem i ben ei thaith.
Mae'r cyfan dan glo. Cysgwch yn dawel.

A'ch cyrff dan gwilt, bydd CCTV
yn eich cadw rhag anlwc; bydd gennych ffrindiau ar Ffês-bwc.
Mae'r cyfan ar y sgrin o'n blaenau ni.
Cysgwch yn dawel.

Ni fydd y gwynt yn troi am ryw hyd;
Ni chwythir y niwl gwynias am y brifddinas;
Trowch wyneb at y wal a gwar at y byd.
Cysgwch yn dawel.

Ac os ydych yn trigfannu yn y cefnau hynny
lle mae pris petrol yn uchel a'r awyrennau yn isel,
lle mae'r prinder defaid dof a'r gormodedd geifr gwyllt,
lle mae'r caeau yn agored a'r cyfleusterau wedi cau;
ym muarthau'r trenau bach a'r ysgolion mawr,
y pegynnau di-stamp, di-seiren, di-halen ar rew
lle mae'r boblogaeth yn brin a'r pethau peryg yn dew:
Mae gennym dabledi trwyddedig at eich ofnau chwyddedig,
Mae gennym swyddogion adfer bro dros dro,
Mae gennym obennydd o gronfa Ewropeaidd newydd.
Mae gennym wleidyddion sy'n dweud bod hyn yn iawn.
Cysgwch yn dawel.

A maddeuwch i'r truan â'i lygaid tylluan
sy'n troi a throsi hyn yn ei ben ar gangen o ywen
pan fo pob swnyn a phob awel
yn cysgu'n dawel.

Sneipars

trosiad o gerdd Roger McGough

Pan o'n i'n cyrraedd at ben-glin coes bwrdd,
cyrhaeddodd Yncl Tom adref o Burma.
Fo oedd yr ieuengaf o saith brawd
felly benthycodd y stryd fesur arall o faneri
a chynnig croeso gwyngalchog iddo.

Daeth yr holl deulu ynghyd i'r ddefosiwn,
ninnau yn eu mysg, i chwerthin, canu a gwneud lol.
Roedd o'n felyn fel cwyr dodrefn,
yn yfed te o fwg maint fy mhenglog
ac yn dweud y nesaf peth i ddim.

Ond bob ychydig funudau, byddai'n sganio'r nenfwd
yn nerfus, ei ddwylo'n crynu.
'Chwilio am sneipars,' cytunodd pawb yn ei gefn.
'Anodd anghofio pethau felly.'

Weithiau, a'r ddau ohonom ein hunain,
byddai'n pendwmpian ar ôl swper
a fi fyddai'n cadw llygad am y Japs.
Wyddai o mo hynny, debyg iawn.
Am gadw'n dawel roedd y chwechyn
a gawn wrth adael, ond mi hoffwn gredu
ei fod yn cael gwerth ei bres yn llawn.

Roedd hi'n joban dda bod yn aelod cudd
o warchodlu Yncl Tom; roedd y tâl yn sylweddol
a'r oriau'n fyr. Eto i gyd,
laru wnes i'n fuan, ac fel ail ddewis
mi es i'r ysgol a dod yn un o'r babanod.

Ar ôl hynny, clywais ei fod yn ysbyty'r meddwl.
'Does dim angen dweud wrth neb . . . dim byd mawr
. . . y sioc wedi'i daro . . . peth digon cyffredin
. . . Adferiad llwyr erbyn hyn, meddai'r doctoriaid.'
Disgynnodd y sneipars o'r nenfwd
ond aethon nhw ddim i ffwrdd.

Yn ystod y pum mlynedd nesaf, mi gawsan nhw
dri o'i frodyr fesul un – Dad oedd un ohonyn nhw.
Dim bri, dim coffâd,
Bang! syth drwy'r galon.

Mae Yncl Tom yn briod bellach, efo teulu bach.
Fydd o ddim yn dweud llawer, ond bob nos ar ôl te,
bydd yn dal i hepian bob hyn a hyn yn ei hoff gadair,
(a Henri Rousseau yn ysbrydoli ei freuddwydion).
Mae'n cadw o'r haul, yn clustfeinio yn awr ac yn y man
am dramp tramp tramp y Cyrnol Bwci-bo.
Mae'n gwybod o'r gorau nad ydi'r diawl rhyfel ddim
                                        drosodd iddo fo,
dim ond nad Japs ydi'r sneipars erbyn hyn.

Gawn ni ddrafft arall, Aneirin?

Mae'n rhaid gwelwi'r cerddi cig,
Aneirin – maen nhw'n berig.
Ni hoffwn ddim – na phen yn ddau, na gweld
    y gwaed ar y llafnau,
   na 'ngwas a'i lygaid ynghau,
   na brain yn pigo bronnau.

Beirdd ciwt sy'n cael recriwtio,
nid gweilch â gormod o go'.
Nid â iaith y bagiau du
o'r gad y mae targedu.
Creu hwyl sy'n denu'r criw iau:
sun-tan, a chrwyn fel seintiau.
I'w hudo atom, rhaid iti – roi sbin
    ar sbort yn yr armi:
   'gwyliau gwych, sgiliau gewch-chi' –
   eu denu nhw'n soffd wnawn ni...

Rhaid cael Pi-Âr clyfar, clîn –
gair go-wir; ond gair gerwin
an-wir 'sgin ti, Aneirin.

Gwrthod

Na, Taff, chymera-i mo dy bapur sglein
sy'n denu 'mhlant i fentro i mewn i'r tanc
sy'n pwyntio'i fys recriwtio i lawr y lein;
dwi'n hidio dim am swagar sgwodis, llanc.
'Tae'n dod i hynny, be ti'n da fan hyn
ar faes y Sioe? Pwy na fedrodd gofio'n glir
ei bod hi'n gyson wedi bod yn dynn
rhwng ffarmwrs a dy armi ynglŷn â thir?
Brifodd fy 'Na' y llygaid pymtheg oed
o dan y cap, a chefais gip ar hwn,
y 'Ffrind poblogaidd', 'Hogyn gora rioed'
fel dwed adroddiad coffa ar faes y gwn.
O dan dy lifrai, gwelaf fab a brawd
a gweld mor hawdd i'w gleisio ydi cnawd.

Mustar Ffrensh

O'r ffwrnais ddiawl, fy Mustar Ffrensh a ddaeth
a'i goesau'n hongian, am ei wasanaeth;
un o ddewrion olwynion rhagluniaeth.
Roeddwn i'n ffrind; roedd cloch ei ffordd yn ffraeth,
a deorodd dealltwriaeth – heb air
rhyngof i'n dair a fo'n ei gadair gaeth.

Wn i ddim be brofodd o.
Anafus fyddai cofio'i
frwydr lem – nid oeddem ein dau'n
agor iaith ei hen greithiau.
Rhoddai dinc, yna winciai –
hen ŵr â steil mewn rhes dai.

Ar ddwy goes, rhuthrodd i gad
ein teidiau, yn atodiad
o gig a chalon i gau'r
rhengoedd yn nhir yr angau,
cyn dychwel i'r tawelwch
o olwg gwŷr, ar yr ail gwch.

Daeth, yn ôl trefn, i'r Cefnydd –
aelwyd oer heb olau dydd –
i dynhau, wrth fynd yn hen,
ei loes wrth fraich elusen.
Gwerth mab yw pris y pabi,
sylltau'n seremonïau ni.

Ac yna, dod eto i ganol briwiau
        a braw; gweld gorffennol
ei archollion personol – yn agor
        a gwagio i'r heol;
anaf o'r anaf – ar ôl un rhyfel,
        mae'n rhyfel dragwyddol.

Wrth fwytho heno'r graith wen,
hi yw archif ysgrifen
y parêd o groesau pren.

Craith wen: weiren yn Nhir Neb;
hogiau ifanc y gofeb
a draenen wen yn wyneb.

Coch a gwyn

Bob diwedd hydref, mae gorfodaeth goch
y gwleidyddion tyner a'r corfforaethau croch
yn pwyntio bys at lapedi moel:
'Lle mae dy gefnogaeth? Lle mae dy goel?'
Blodau'r cynhaeaf piau'r awr
i gofio am fywyd wasgarwyd ar lawr
a hwnnw'n gynhaeaf mor naturiol ar gae
â'r cynhaeaf sy'n dilyn aredig a hau.

Ond blodau gwyn, blodau'r gwynt,
blodau'r drain oboptu'u hynt:
bechgyn Ebrill oedden nhw gynt.

Felly mi ddaliaf wrthyn nhw'n dynn:
blodau gwanwyn, blodau gwyn:
dim ond petalau yw'r hogiau hyn.

Y cadfridogion

Some General Officers of the Great War
gan John Singer Sargent, 1922,
yn yr Oriel Bortreadau Genedlaethol, Llundain

Gosodiad mewn gwagle, nid rhesi ond yn griw,
eu crwyn yn lân o unrhyw graith na briw.
Sglein ar sgidiau a legins lledr, nid y llaid
a'r pydredd gwlyb a glywodd traed fy nhaid,
a bachau sbardunau meirch, er bod y tanc
wedi hen, hen yrru'r ceffyl rhyfel i'w dranc.
Ambell ddwrn ar gleddyf, bawd mewn strap;
rhubanau'r medalau ar eu calonnau – yn fap
o'r brwydrau lle na buont. Dim un wên,
dim ond bodlonrwydd teg ar blatfform trên
ym mhen ei daith. Maen nhw'n rhy dew, rhy hen
i fod mewn lifrai llanciau – yr hyn a gawn
yng ngwagle eu gosodiad yw lliwiau llawn
y gwaed yn ceulo'n ddu, y cyrff a'r crawn.

Dewis dewis dau ddwrn

yn Chwaraeon Olympaidd Dinas Mecsico, 1968

Aeth baner i'r sêr, ei swae'n
dod â chur i'r cyd-chwarae,
a'r anthem yn gêm i gyd -
rhoi graddau i'r gair 'rhyddid'.

Yn arena gwirionedd
y ddau ddwrn, disgynnodd hedd
ar y dorf, a'r eryr du
yn eu crwyn hwythau'n crynu.

Ar awr wych, awr y trechaf,
talu saliwt i'w hil slaf
oedd eu dewis, dewis dod
â'u dawn dan do'r mudandod.

Briallu yn adfail Batin, Llwyndyrys

103 Y filltir sgwâr
O ymddangosiad lili wen fach gynta'r tymor hyd eithin melyn olaf y flwyddyn, rydan ni'n sythu'n llwybrau at flodau gwylltion ein hardal. Dyna dan ni'n trio anelu ato o ddydd i ddydd – trio cael o hyd i'r darnau bychain, lliwgar a siriol hynny sy'n codi'r galon. Nid byw ffantasi, nid gobaith gwag rhyw hen ffŵl â'i ben yn y cymylau ydi hynny – ond darnau bach go iawn o fywyd bob dydd sy'n dal y llygad. Heb chwilio amdanyn nhw, maen nhw'n cynnig eu hunain i ni. Maen nhw'n rhan o ddiwylliant bob dydd ein milltir sgwâr a'n blwyddyn gron. Y pelydrau yna ynghanol brwyn a mieri, adfeilion a llanast, creigiau a chorsydd sy'n cael eu cynnal gan ddyrnaid o bridd ond sydd â gwreiddiau hirion i'r gorffennol a hadau ffrwythlon i'r dyfodol.

103 Batin, ddiwedd Mawrth
Hen aelwyd sydd wedi mynd â'i phen iddi wrth ochr y ffordd yn Llwyndyrys ydi Batin. Mae coed a llwyni'n dyfiant drwyddi ac o'i chwmpas bellach, ond bob gwanwyn bydd tusw o friallu yn blodeuo o flaen yr hyn oedd yn ddrws y tŷ un tro.

104 Hen Longwyr Porthor
Yn dilyn llongddrylliad ar greigiau Llŷn dros gant a hanner o flynyddoedd yn ôl, daeth naw corff i'r lan ar dywod Porthor. Cawsant eu claddu mewn un bedd di-enw yn y fynwent newydd yn Aberdaron. Er nad oedd marc ar y tir, roeddent yn ddiogel yng nghof gwlad yr ardal.

105 Cae Melyn
Mae gweddillion hen gartref teulu fy mam-gu – teulu'r Mainwarings – yn y cwm y tu ôl i hen ysgol Garn-swllt ar lechweddau Dyffryn Aman.

106 Trên Tal-y-cafn
Llechweddau Tal y Fan uwch y Ro-wen yn Nyffryn Conwy oedd y lle i fynd am dro pan alwem heibio Nain a Taid. Ar nosweithiau braf byddai sŵn y trên o Dal-y-cafn i'w glywed yn y pellter. Arwydd tywydd braf, meddai Taid.

107 Dyddiadur Dad, 1963

Maen nhw'n dweud bod pawb yn cofio lle'r oedd o pan glywodd am farwolaeth J. F. Kennedy. Wel, tydw i ddim yn cofio – ac am flynyddoedd roedd hynny'n ddryswch imi oherwydd roeddwn i'n wyth oed ar y pryd ac yn ddigon hen i fod wedi clywed y newyddion a'r drafodaeth yn y tŷ. Yna yn ddiweddar dyma ddod ar draws hen ddyddiadur fy nhad am y mis hwnnw a gweld bod pethau eraill yn bwysicach ar yr aelwyd ar y pryd.

108 Mapio'r cof

Cyflwynais y cywydd hwn i'r arlunydd Anthony Evans wrth lansio'i gyfrol *Canfas, Cof a Drws Coch* yn y Fedwen Lyfrau yng Nghaerdydd. Dwi'n hoff iawn o'r persbectif 'llygad brân', yn edrych i lawr ar y wlad, sydd yn nhirluniau lliwgar Anthony. Mae'n dweud mai dringo, chwarae ac edrych ar y byd o ben hen dipiau pyllau glo bro ei febyd yn Cross Hands sydd wedi rhoi hynny iddo.

110 Tafarn Bara Ceirch

Hen dafarn borthmyn rhwng Llanrwst a Betws-yn-Rhos yw'r murddun a elwir o hyd yn Dafarn Bara Ceirch. Mae pob myfyriwr hanes lefel A, mae'n siŵr, yn cofio'r dyfyniad mai'r porthmyn oedd 'Armada Cymru', yn cario'r aur yn ôl i economi ein cefn gwlad. Un o'r tafarnau answyddogol hynny oedd yn bragu a gwerthu cwrw cartref oedd hon – yn ddigon pell o grafanc unrhyw gwnstabliaid. Eu dull o gael y gorau ar y gyfraith oedd honni nad oeddent yn gwerthu'r cwrw – dim ond ei roi am ddim i bawb oedd yn prynu bara ceirch. Pris peint o gwrw oedd pris y bara ceirch wrth gwrs. Yr unig un arall rydw i wedi dod ar ei thraws oedd yn gwneud hyn, ac yn arddel yr un enw hefyd ar lafar gwlad, oedd Tafarn Bach, Pont-siân. Heddiw, mae peilonau'r grid trydan yn mynd heibio hen gorlannau Tafarn Bara Ceirch – gan ddilyn yr un llwybr uniongyrchol ar hyd y bryniau ac ar draws Dyffryn Conwy ag a ddefnyddid gan yr hen borthmyn. Mynd, heb ddod â dim yn ôl y mae peilonau trydan y grid cenedlaethol – yn wahanol i'r fferm felin wynt ar Fynydd Moelogan uwch y dyffryn, sydd yn nwylo ffermwyr lleol ac yn dod â budd i'r ardal. Roedd fy hen daid yn byw yn fferm Plas Isa yn nyffryn Elwy islaw, ac ar hyd y ffordd fynydd hon y byddai'n mynd i'w hen gartref ym Metws-yn-Rhos.

111 Tafarn Bessie

Cwm Gwaun, Nos Galan Mai 2009. Roedd y noson hon ar y daith olaf a wnes i yng nghwmni Iwan Llwyd i dde Cymru. Roeddan ni'n aros yn Nhrefdraeth ar ôl diwrnod yng nghwmni disgyblion Ysgol y Preseli ac mi aethom dros y mynydd i Gwm Gwaun. Ym mhrysurdeb y dafarn, Iwan oedd yr un a sylwodd mai dim ond yr hen wraig a eisteddai yn ei chwman wrth yr aelwyd, a'r ferch fach yn ei chôl, oedd yn syllu i fyw y tân. 'Gwna rwbath o hyn'na,' medda fo wrtha i.

112 Yn ôl i Sycharth

Adeg Gŵyl Maldwyn 2010, ddeng mlynedd ar ôl bod yno ar daith 'Syched am Sycharth', mi es i chwilio unwaith eto am hen lys Owain Glyndŵr. Mae'n anodd cael hyd i'r bryn glas, ond mae'n werth gwneud yr ymdrech. Roedd straeon y daith flaenorol gennyf yn rhyw fath o gyfeiliant i'r cof ac yn ysbrydoliaeth i gyfansoddi caneuon newydd.

113 Newid y dre

Does dim yn well gen i na chael cerdded palmentydd tre farchnad a cherdded o siop i siop yn canfod ac yn prynu cynnyrch y lle. Dydi'r cynghorwyr a'r cynllunwyr sydd i fod i ddatblygu ein heconomi ddim yn dallt dim am y wefr honno, mae'n rhaid gen i. Y Trallwng, adeg Gŵyl Maldwyn, oedd yr ysbrydoliaeth wreiddiol, ond fy mod wedi'i addasu i 'mhrofiad ym Mhwllheli hefyd.

114 Llynnoedd yr Wyddfa

Comisiynnodd Bwrlwm Eryri, adran dreftadaeth Parc Cenedlaethol Eryri, 60 o gerddi 60 gair i ddathlu 60 mlwyddiant y Parc yn 2012. Mae olion hen grannog Celtaidd yn Llyn Llydaw – mae dyn yn rhan o'r cynefin hwn ers miloedd o flynyddoedd. Rhan o gymeriad y Parc ydi'r olion diwydiannol sydd yno – hyd yn oed yn uchel ar lethrau'r Wyddfa, hen lygredd copr sy'n rhoi'r lliwiau gwyrddlas gwych i rai o lynnoedd yr Wyddfa.

115 Sarn Elen

Mae cymysgedd o chwedl a hen hanes yn stori Macsen Wledig ac Elen, ond mae olion yr hen ffyrdd Rhufeinig yno'n gadarn dan dyweirch.

116 Y Migneint

Llwyfandir yn hytrach na chribau mynyddig ydi'r Migneint. Tir uchel, tonnog ydi hwn, syn cael ei rychu'n ysbeidiol gan flaenddyfroedd yr afonydd. Mae hynny o ffyrdd sydd yno yn codi'n serth o Ysbyty Ifan, Cwm Penmachno a Chwm Cynfal – a digon cul ac anwastad ydyn nhw. Maen nhw ymhell iawn o ganolfannau grym y gwahanol gynghorau sir sydd i fod i ofalu amdanyn nhw. Grugog a mwsoglyd ydi'r tir ar y cyfan, yn tueddu i ddal ei ddŵr, ac mae llynnoedd yn cronni yn rhai o'r pantiau. Cafodd y bugeiliaid sy'n dod â'u defaid mynydd yma yn yr haf grantiau i ddraenio'r mawndir ddeng mlynedd ar hugain yn ôl er mwyn cynyddu eu preiddiau; bellach maen nhw'n cael cymorth i gau'r ffosydd ac i adfer dawn y Migneint i ddal y glawogydd yn hytrach na'i ollwng yn rhy sydyn i'r tiroedd isel. Yma y deuent i ladd mawn mewn oes arall, a thros y comin hwn y croesai'r porthmyn gyda gwartheg Llŷn, Eifionydd ac Ardudwy am farchnadoedd Wrecsam a Lloegr. Hen ffynnon y porthmyn yw Ffynnon Eidda – waliwyd o'i chwmpas i atal anifeiliaid rhag halogi'r dŵr, ac yn yr hen ddyddiau roedd tafarn wrth ei hymyl. I mi, mae'r unigedd sydd i'w brofi yma yn rhan o gyffro'r daith wrth groesi o un byd i fyd arall.

117 Ffordd dros y Migneint

Gadawodd gaeaf garw 2010–11 (a diffyg gofal Cyngor Conwy a'r Awdurdod Dŵr) ei ôl ar y ffordd fynyddig o Ysbyty Ifan i Lanffestiniog. Er ei bod hi'n haws teithio o Ddyffryn Clwyd i Lŷn yn aml ar hyd ffordd ddeuol yr A55, mae mwy o apêl i daclo'r ffordd uchel dros y Migneint i mi. Ond mae yna bris i'w dalu weithiau!

120 Tŷ Newydd, Aberdaron

Newyddion da i Lŷn oedd bod Iain Solfach a Wilma wedi llwyddo i brynu ac adfer gwesty Tŷ Newydd ar lan y môr yn Aberdaron. Bellach mae pob siop a thafarn, maes carafanau a chynhyrchydd bwyd yn Aberdaron yn nwylo Cymry Cymraeg ac yn cyflogi heidiau o ieuenctid lleol bob haf. Mae cannoedd o Gymry yn tyrru yno am y profiad gwych o wyliau Cymraeg a chynnyrch Cymreig.

122 Theatr y Winllan

Agorwyd Theatr John Andrews yn y winllan sy'n taro ar Oriel Plas Glyn-y-weddw, Llanbedrog yn Awst 2012. Mae'n theatr awyragored ac mae gwaith seiri meini crefftus y fro i'w weld ar y cerrig sy'n creu grisiau a seddi iddi. Mynydd Tirycwmwd yw enw'r pentir uwch Llanbedrog.

124 Cwmwl ar yr Eifl

Mae'r hen rigwm am yr Eifl a'i chap yn wybyddus i bawb. Wrth gerdded allan o'r tŷ, gallaf weld copa'r Eifl bob bore a byddaf yn gwybod yn syth os oes yna gwmwl neu niwl arno. Ond fel gyda phob cwmwl arall, dydi'r hyn y byddwn yn ei ofni ddim cyn waethed ag y mae rhai o'r hen ddywediadau tywydd yn ei argoeli.

125 Enfys ar draeth Ceinewydd

Yn ystod haf gwael 2012, mi brofais olau rhyfeddol yr enfys hon ar arfordir Ceredigion ddechrau mis Gorffennaf.

126 Taith yr Hen Fugail

Ar Galan Mai, 2012, cafodd Lyn Ebenezer a minnau daith ryfeddol yng nghwmni Idris Morgan, bugail Banc-llyn, Trefenter o gwmpas ardal y Mynydd Bach, Ceredigion. Tynnu lluniau o'r fro ar gyfer ei gyfrol o atgofion oedd amcan y daith ond yr hyn a gawsom oedd stori am bob tŷ a thwlc a nant a rhiw. Daearyddiaeth y fro oedd llinyn ei chwedlau a chawsom blethiad o deithio a straeon a fydd yn aros yn hir yn y cof. Gan fod y fro wedi gwagio, yr hen ffordd o fyw wedi newid, yr hyn oedd yn rhygnu yn ein meddyliau hefyd oedd – pwy fydd yn cofio hyn i gyd yn y dyfodol. Nid oedd dim yn emosiynol na hiraethus yn ei ffordd o adrodd ei atgofion, ond bob hyn a hyn ailadroddai'r frawddeg: 'Does dim i ga'l 'ma'n awr ond Seison'.

Y filltir sgwâr

Mae'r lili wen yn codi yn y clawdd
at ffenest Chwefror; mae'r briallu'n nrws
y murddun ym mis Mawrth ac mae'n hawdd
dal llygad Ebrill yn y bore tlws.
Mae clychau Mai yn darth ar lôn y Felin,
Patsyn Sipsi eto'n gry' gan graf
a'r banadl fel baneri aur ar gomin,
sgawen afon Erch yn ysgub haf.
Amser yn ei le yw hyn - nid traed
yn mesur eu tiriogaeth a phennu ffin,
ond pridd yn galendr o'r gwanwynau a gaed,
basged y ffrwythau hynny a fydd yn win;
lle wedi'i fapio gan y misoedd hael,
lle nad oes angen chwilio er mwyn cael.

Batin, ddiwedd Mawrth

Heb dân nac wyneb dynol,
aeth yn wyllt a noeth yn ôl;
mae nythod chwilod a chwyn
yn reiat drwy grud rhywun;
helygen yw'r fam heno
a'i breichiau tenau yw'r to.

Ac yna'n nrws y gwanwyn,
mae ôl llaw mewn fflamau llwyn
briallu. Drwy'r tŷ a'r tir,
a gwe iasoer o gaswir
tan y coed o bobtu'n cau,
mae gwên oedd yma gynnau.

Hen Longwyr Porthor

Naw ar y don i draeth Porthor,
Brodyr mewn storm, ddaeth i'r lan;
Eu lapio yn lliain eu hwyliau eu hunain
A throl yn eu cario i'r llan.

Un bedd dan y jacan i'w dorri,
Un pennill, a phridd pen y daith;
Cyflawni brawdgarwch y môr mewn tawelwch
Heb enwau, heb faen arno chwaith.

Collwyd y bedd dan y tyweirch
A chollwyd y cof cyn bo hir
Am 'hen longwyr Porthor' a fethodd ddal angor
A'r gwynt wedi troi am y tir.

Mewn canrif, drwy'r lliain a'r esgyrn
Y trawodd y clochydd ei raw
Gan styrbio sgerbydau colledion y tonnau
A'r fro oedd yn nabod y naw.

Cae Melyn

Does dim i'w weld, medd rhai o 'nheulu i,
Dim ond tomen rwbel uwch Nant y Ci,
Clawdd plyg yn rhes o goed, ac olion dŵr.
Ond roedd yn rhaid cael mynd, i fod yn siŵr.

Digon gwir eu geiriau: cysgod du
Y dail; y brwyn drwy'r borfa; adfail tŷ;
Giât heb golyn ynghrog wrth bwt o raff.
Ond roedd yn rhaid dod yma, i fod yn saff.

Yna canodd cog. Y gyntaf un.
Daeth llawer Mai yn ôl yn rhan o'r llun,
Nes gwthiodd brân ei chrawc i haul y p'nawn;
Roedd hon, does bosib, yn dallt ei phethau'n iawn.

Trên Tal-y-cafn

Sŵn canol Mai o Dal y Fan
A phennau'r rhedyn bach yn gyrliog;
O Dal-y-cafn, sŵn trên yn wan,
Sŵn canol Mai o Dal y Fan,
Mydryddu fesul pedwar ban
Cyn diflannu i darth Dolgarrog.
Sŵn canol Mai o Dal y Fan
A phennau'r rhedyn bach yn gyrliog.

Hen ŵr wrth giât, yn dal yn dynn
Wrth hen arwyddion 'braf yfory'
A'r pell yn agos erbyn hyn;
Hen ŵr wrth giât yn dal yn dynn
A'r haul yn gadael Foty-gwyn
A sŵn y trên yn mydru, mydru;
Hen ŵr wrth giât, yn dal yn dynn
Wrth hen gelwyddau 'braf yfory'.

Dyddiadur Dad, 1963

Lle roeddwn i pan laddwyd Kennedy?
(Mi ro'n i'n hogyn wythmlwydd ar y pryd.)
Does gen i gof, a bu'n fy mhoeni i
nes taro ar ddyddiadur pan oedd byd
fy nhad yn gwrs di-gwsg rhwng llafn yn llaw
y gobaith olaf i fy nhaid, a nerth
anadliad cynta'i fab. Doedd dim heblaw
gollwng ei hun i'w eiriau'n fawr o werth.
Y groth a'r bedd a rannai'i wely, cusan
ei orfoledd olaf, brathiad byw
ei golled gyntaf, a chan gadw'r cyfan
o glyw ei blant, bu'n chwarae'r diawl â'i dduw.
Siôl wen y magu, tynnu'r llenni du –
a hynny oedd yn dwyn penawdau'r tŷ.

Mapio'r cof

i Anthony Evans, yr arlunydd o Cross Hands

Pen y tip, honno yw'n taith;
dod o waelod y dalaith
i'r awyr las, traed ar led
yn y golau croengaled
a chael mewn llygad cadarn
wlad o weld, nid fesul darn.

Yno, cawn hawlio'r heulwen;
sganio'r fro a hawlio hen
hewlydd, pentrefi'n gwlwm,
clytiau caeau – cwilt y cwm
a hen haf yn ei lanhau;
lliwio bro â'i boreuau.

Dilyn bryniau a dolydd
i erwau doeth slawer dydd,
i hen ffermdy teulu'r tir:
awel fain a gylfinir
a mawn a thato menyn;
gwres ei gawl yn groeso gwyn.

Ymhob peth ar y map hwn
mae O.S. yr emosiwn;
gwlad y bardd; pob gweld o bell
yn delyneg dwy linell
a dirgelaidd, drwy'r galon,
yw'r haul sy'n taro ar hon.

A'n bywydau'n wib adar,
mae i gof ddychymyg gwâr:
mae'n lliwio'n ôl; mae'n lle i naid
i ran o bwll yr enaid
ac mae angen yr ennyd
pen y tip mewn paent o hyd.

Tafarn Bara Ceirch

Tŷ llwynog oedd, yn nyddiau'r dynion meirch
a'r porthmyn – tafarn ar y bryn a dim
un drwydded. Ond dy dâl am fara ceirch
a ddôi â pheint o gwrw cartra am ddim.
Ffordd gefn, fu'n briffordd gynt, sydd wrth ei dôr
yn edau aur dros war y rhosydd draw
am Dal-y-cafn a Thal y Fan a'r môr,
rhwng mynd a dod cobanau'r gwynt a'r glaw.
Ac ar yr unffordd, mae'r peilonau hyn:
gorymdaith gwifrau heddiw na all ymdroi
fan yma, â thân neu lamp i'w cadw ynghynn
ymhell i ffwrdd. Mynd heibio wnânt heb roi
'run hwrdd i'r drws na thanio'r wâl a fu,
na rhoi chwerthiniad sy'n goleuo'r tŷ.

Tafarn Bessie

nos Galan Mai

Hen ddynion ar y bar yn sobor iawn
wrth gofio meirw'r gaeaf – beddau'n agor,
drysau'n cau'n y cwm, eu sgwrs yn llawn
o'r ddamwain car a heintiau ola'r tymor;
rhieni'n gwerthu raffl dros ferch o'r llan
sy'n wael, a chyfri'r pennau sy'n yr ysgol;
Sais yn taro heibio yn y man
â ffafr o bost y dre – eu swyddfa leol.
Mam-gu'n ei chwman wrth y grât, yn rhoi
bwyd llaw i'r fflam fach felen fesul brigyn,
ac at eneth ar ei glin mae'n troi
a dweud bod clychau'r gog yng ngallt Cilrhedyn.
Hen wraig a babi'n syllu'n hir i'r tân
a gwylio'r goelcerth ola'n llosgi'n lân.

Yn ôl i Sycharth

I'w lys, trafferthus yw'r lôn:
heb ryddid, heb arwyddion.
Anodd cael – drwy'r cefnffyrdd cudd,
drwy'r caeau – dir y cywydd.
Down am fod rhaid mynd yno,
rhannu gŵyl â rhyw hen go';
lluniau'r bryniau, llwybrau'r brain,
ânt â ni at win Owain.

O gyrraedd bryn y gweiriau:
dyma gamfa a rhyw gae;
dyna holl freuddwydion hwn –
ai fel hyn y diflannwn?
Ond nid oes glicied, wedyn,
ac yn dawel, dychwel dyn
yn ôl drwy'r hyn na weli.
Ei obaith yw dy daith di.

Newid y dre

Taeraf dros hen gownteri.
Newid mân sy'n mynd â mi
ar ddwy droed hyd ffyrdd y dre:
cyrains, a bara carwe,
mefus coch, hanner mochyn,
llysiau, llyfrau, cwrw Llŷn,
jam fel un Mam, a phot mêl
o glychau'r creigle uchel.
Mynd am gacan a phanad
a slab o hen gaws y wlad,
haearnau fesul dyrnaid
a chribyn hŷn na fy nhaid.

Eu braint yw derbyn dy bres
a gwên pob siop yn gynnes.
Dyma dre'r cynnyrch lleol
a da i ni newid yn ôl:
hyn ddaw â mwy o ddewis;
daw ein parhad yn y pris.

Llynnoedd yr Wyddfa

Mae dynion ar hyd y canrifoedd
Wedi chwydu i lynnoedd,
Wedi gwagio'u coluddion
Ar y daith i Afallon
A gollwng pwys y stumog
Wedi swper y crannog.
Roedd talpiau cochion fel ceiniogau
Yn rhaeadrau mawr eu gweflau
A'r beil wrth olchi bwced
Yn baeddu'r llestri yfed.

Felly pam fy mod mor syn
Wrth ddal glas y bore mewn llyn?

Sarn Elen

Mae'n cystadlu â'r waliau sychion,
yn cerdded yn ôl dros ffriddoedd ein byd
o gaer unnos dan dyweirch i gaer unnos
dros fawndir, drwy fwlch a rhedyn a rhyd.

Corlannu'r gorwelion mae'r waliau,
ond eu mystyn y mae hon, fel y cof ar daith hir
at ferch mor freuddwydiol, i fynd ati
rhaid agor dwy ffos a phalmantu ei thir.

Y Migneint

Newyn dan y grug, medd hen air,
a does fawr o flewyn ar y gwair
yma'n nhir y mawn. Syched wedyn
yn Ffynnon Eidda ers oes y porthmyn.
Mae'r gorwel yn wag, y ffosydd yn llenwi,
y ffordd yn suddo a'r dywarchen yn codi,
ond wrth imi fownsio o dwll yn y tar,
clywaf y cryndod, fel croen fy ngwar.

Ffordd dros y Migneint

Rhwng dwyffordd mae fy newis – y ffordd wyllt
dros fynydd yr ehedydd, ffordd heb ffens
lle bydd y machlud, mawn a chreigiau'r myllt
ac enwau'r hen hafotai yn gwneud sens;
neu ffordd y glannau: ffordd sy'n glynu'n ddof
wrth fastiau ffôn; mor ddiflas yn fy mhen
yw llyfnder ffrwd darmác ddi-dwll, ddi-gof
dan oleuadau oren uwch lein wen.
Drwy 'Sbyty, dros y Migneint, aiff y fan
a'i sŵn yn tynnu i fyny. Ambell glec
drwy olion rhew, sydd fel cymêrs y llan
a'u chwerthin. Nes bu'n rhaid cael stop, cael sbec
ar olwyn fflat mewn lle heb ddim ond bref
druenus dafad sydd ymhell o dref.

Tywydd a thymhorau

Briallu yn Ebrill

Yng nghwm yr hirlwm, mae hyn yn arwydd;
    Dyma war y flwyddyn;
    Yno ar glawdd genau'r glyn
Mae haul yn argae melyn.

Garddwr bodlon

Daw, drwy'r glaw, o'r rhesi gwlydd; – yn ei law
    Mae gwledd y diwetydd,
    A'i groen, yn rhychiog, a rydd
Wên iau na'i datws newydd.

Argoelion tywydd

Heno, mae'r niwloedd mynydd – yn isel;
    Mae'r nos yn llawn stormydd;
    Yfory ddaw'n fawr o ddydd,
Ond er hyn mae 'na drennydd.

Gwanwyn hwyr

Heulwen a gwynt o'r heli, – draenen wen
    Yn ewynnog drwyddi,
    Deilen dan lygad doli –
Ond Mai oer yw'r byd i mi.

Gwarchod

Bygythiad i bysgota môr yn Llŷn

Wrth wahardd, yn enw harddwch, gywain
    hen gewyll, gochelwch
  wneud cam â byd y cimwch:
  yn enw cadw, troi'r cwch.

Dadl

'Hen ddigon!' medd gwyddonwyr - ac atal
    sgota, 'er mwyn natur';
  ond daw bwlch yn eu rhwyd bur
  o golli'r hen gawellwyr.

Cychod modur heb reolaeth

Dechrau Awst – a cheir o hyd eu llanast
    yn llenwi'r borth hyfryd;
  hunllef eu jetsgis swnllyd:
  poenydwyr beirdd pen draw'r byd.

Tŷ Newydd, Aberdaron

Y mae un lle ym Mhen Llŷn
yn ôl o ddwrn hen elyn:
lle steilus, llys y dalaith,
lle hen win, a llanw'n hiaith
o'i swmer i'w seler sydd –
ein tŷ ni yw Tŷ Newydd.

Mae'r pentir hir, hyd y traeth,
yn rhoi'i liw i'r arlwyaeth:
oen Llŷn ac eidion llynedd
a'r heli hael sy'n rhoi'r wledd;
ni fu rioed well hyfrydwch:
padell a chawell a chwch.

Her ifanc ac iaith gryfach,
berw byd sy'n y bar bach
a myneich o Uwchmynydd
yn yr ha'n cael traed yn rhydd;
neb ar hast, pob noson braidd
yn hirnos wlyb, Sadyrnaidd.

Walio amser ar deras,
bugeilio ŵyn y bae glas
a sbel cyn i'r gorwel gau,
rhwydo i unnos dridiau
gan ddal stori'r tir rhwng ton
a dŵr siaradus Daron.

Mae'n hwyr, mae 'nghamau'n hirion
ar 'y nhaith i'r dafarn hon
ond yn hud y machlud mae
hi'n gwawrio ar ein geiriau
a dwinnau'n dallt pam dwi'n dod
eto i'r tŷ ar y tywod.

Theatr y Winllan

Theatr awyragored John Andrews,
Oriel Plas Glyn-y-weddw

Lle mae'r winllan yn canu,
yng nghesail dail, gwna dy dŷ:
tŷ lleisiau haf, mentyll serch,
tŷ llawn o blant y llannerch,
tŷ yn bont rhwng ton y bae
a'r rigin yn y brigau.

Cynion fu yma'n canu -
caboli'r hen feini fu
yn yr allt, rhai'n dallt y dôn
yn cloi, â thinc alawon,
waliau braf â'u dwylo brwd -
gwŷr cam uwch creigiau'r cwmwd.

Llafar eu crefft yw'r llwyfan;
pan ddown ni i gwmni'r gân,
hanner cylch canghennau'r coed
yw'n hen gof, eto'n gyfoed
ac o'u rhuddin a'u gwreiddiau,
hen dwf ir sy'n adfywhau.

Mae i gwpan y winllan hon
harddwch glasau a gwyrddion,
golau hwyr a bore gwlad
a'i liw eithin yn blethiad
a chwm lle gall dychymyg
agor i weld gwawr y grug.

Lle mae'r paent, lle mae'r pentir
a phelydrau'r hafau hir,
lle mae meini'n seddi i'r sêr
o dan yr awel dyner,
lle mae'r winllan yn canu,
mae to dail, mae iti dŷ.

Cwmwl ar yr Eifl

Wrth godi i goch y wawr, mi welaf hwn
yn gap ar grib yr Eifl, yn fwgan bro;
mae niwloedd hen ddrychiolaeth yn ei bwn
a chawod o anobaith ynddo fo.
Pob cip dros war wrth fynd a dod o'r tŷ
sy'n cloffi 'ngham, culhau dau gwr y llen
ac er bod glas y gwanwyn heddiw'n gry
disymud yw'r sinigaeth uwch fy mhen.
Mae'r bore troi'n brynhawn a'r pwysau gwyn
yn duo; daw ei fodiau llaith yn nes:
amheuaeth yn fygythiad erbyn hyn,
a than ei ysbryd trwm, mae'n wan am wres.
Ar lanw'r hwyr daw chwa o'r bae i'r tir
a chyn bo nos mae'r copa eto'n glir.

Enfys ar draeth Ceinewydd

gyda'r hwyr, yn ystod Gorffennaf gwlyb 2012

Gyda'r llanw i'r cei bach, wedi i'r tawch
blinedig blygu'r faner rownd y polyn,
lle'r oedd myllni'r pnawn heb fawr o awch
i yrru pwysau'r don i flaen yr ewyn,
dyna pryd, a gwylanod gwawd yn gry
a rhwyd y smwclaw rhwng y gweld a'r gorwel,
pan ddôi'r nos dan fol y cwmwl du
yn nes, a phan oedd chwerthin plant yn dawel,
y cododd enfys, pont o'r môr i'r tir -
bwa o'r bae'n cribinio'r llwyd o'r llygad
ac o tani, ffenest o liwiau clir
a thrwyn pob cwch yn troi at ffrwd y lleuad;
pwll trai o olau, hyd yn oed pan aeth,
yn dal i chwyddo ar gadach gwlyb y traeth.

Taith yr Hen Fugail

'Hwn oedd bwthyn bach y teulu,
Mae e'n llawer mwy ers hynny
Ac mae'i liw e'n taro'r llygad;
Rwy'n eu gweld un waith bob lleuad.

'Yn fan hyn y bûm i'n sefyll:
Golchi wye dan y pistyll
I'w rhoi'n Minffordd ar y cownter;
Ni ddaw rhagor yr un cwsmer.

'Aeth y tyddyn hwn i rywun
Gafodd fwy nag oedd e'n mofyn:
Drain ac ysgall ugain mlynedd
Lle bu sawl cynhaea'n gorwedd.

'Cartre bardd oedd hwn ers talwm
Ac rwyf inne'n hoff o rigwm;
Ges i swllt 'dag e am adrodd,
Ond wrth gwrs, mae'r steddfod drosodd.

'Dyma'r capel; dyma'r stabal
Lle rhoid merlod pella'r ardal;
Rownd y cefen, dan y meini:
Dacw nhw fy nheulu heddi.

'Pant y Gwair a Chwrdd y Mynydd,
Tyrfa'n ddu a'r haf yn hirddydd;
Tân diwygiad yn y bregeth
Weithia'n twymo rhyw garwri'eth.

'Hafod Newydd a Nantcwta –
Mae pob llidiart yn chwedleua;
Brwyn a chreigiau a boncyffion:
Does dim i ga'l 'ma'n awr ond Seison.'

Cyflwyniadau

Tud.

130 Chei di ddim g'neud hyn'na!

Lle hudolus ydi Portmeirion, a hynny bob amser o'r dydd, bob tymor o'r flwyddyn. Mae'n brydferth ac yn bryfoclyd yr un pryd. Mae'n atyniad gwych yng nghanol Parc Cenedlaethol Eryri, wedi'i gynllunio gan y gŵr a roddodd y darn cyntaf o dir yn anrheg er mwyn hyrwyddo'r syniad o sefydlu'r Parc – ond go brin y câi o ganiatâd cynllunio i greu'r fath gampwaith heddiw! Mae'n plygu llawer o reolau, ond mae'n sefyll ben ac ysgwydd uwch eu pennau i gyd o safbwynt gweledigaeth a gweithred.

132 Ffrwythau

'Anwylo ddoe, addurno heddiw, creu yfory' oedd un o hoff ddywediadau Clough Williams-Ellis, Portmeirion.

133 Soned Glough

Roedd Clough yn hoff o chwarae mig gyda phersbectif ac argraff wrth gynllunio a lleoli'i adeiladau, ac roedd ganddo nifer o driciau i fyny'i lawes. Roedd yn feistr ar barodi, ond roedd ganddo ddiben i'w greadigaethau yn ogystal. Chwarae â syniadau oedd o, nid chwarae'r ffŵl. Petai o'n fydryddwr, mi hoffwn gredu y byddai'n gwneud rhywbeth tebyg i hyn – cyfansoddi soned ond gan gynnwys dau limrig o fewn ei linellau.

134 Canu cloch

Mae clychau, yma ac acw, yn nodweddion cynnil a deniadol ym Mhortmeirion – ac mae canu nifer o glychau yn rhan o arddull y pentref cyfan.

135 Mae 'na chwaraewr newydd yn y gêm

Pentref byw, twristiaeth werdd, profiad pleserus sy'n caniatáu i'r diwylliant lleol ffynnu – dyna rai o'r egwyddorion y tu ôl i'r pentref. Mae bwrw ati i wneud rhywbeth yn medru bod yn fwy gwleidyddol na'r 'gêm' y bydd darllenwyr newyddion y cyfryngau yn cyfeirio ati.

136 Llong ar dir sych

Mae llong grochenwaith wedi'i phaentio'n hardd mewn hafn yn wal un o dai Portmeirion – Tŷ'r Llywodraeth. Un o hoff ddywediadau Mam pan oedd hi'n ein gweld ni'n llusgo'n traed yn blant ydi'r teitl. Yn ystod y flwyddyn ar ôl i Gymru bleidleisio gyda mwyafrif anferth dros bwerau deddfu i'r Senedd yng Nghaerdydd, ychydig iawn o ddefnydd a wnaed ar y pwerau hynny. Rhwng Mawrth 2011 a Mawrth 2012, dim ond un mesur a gyflwynwyd gan Carwyn Jones a'i lywodraeth; mae hyn yn cymharu â deg mesur dros yr un cyfnod gan Lywodraeth yr Alban. Cwynodd ein Prif Weinidog ddigon nad oedd yn medru gwneud ei waith yn iawn am nad oedd ganddo'r tŵls ar gyfer y job. A'r arfau bellach yn ei ddwylo, mae'n gyndyn iawn i dorchi ei lewys. Mae'r ffeithiau hyn yn gwneud ei sylwadau diweddar ar raglen *Jonathan* yn bathetig o aneffeithiol: 'Wi moyn gwneud e ond wi'n ffili gwneud e oherwydd maen nhw [senedd San Steffan] yn pallu gadael imi'.

137 Y Gatws
Hynodrwydd adeilad y Gatws, ar y ffordd o'r fynedfa i sgwâr cyntaf y pentref, ydi ei fod wedi ei godi yn y graig, heb chwalu a choncridio'r graig honno. Mae'r graig noeth i'w gweld rhwng y waliau sylfaen.

138 Cesig gwynion
Wrth gerdded y llwybr ar hyd glan afon Dwyryd tua'r gorllewin o'r gwesty, daw cerrynt yr afon yn agos ar wal y lan wrth fwthyn Cesig Gwynion. Mae'r dŵr yn drochion ac yn donnau pan fydd y môr ar drai. Wrth edrych ar donnau'n cefnu ac yn cafnio yn ddi-dor fel hyn, mi fydda i'n cael yr argraff weithiau eu bod nhw'n ddisymud – mae'r dŵr yn llifo, ond mae cerfluniaeth y don a'r afon yn aros yn ei unfan – eiliadau yn mynd heibio, ond yr ennyd yn aros. Mae rŵan yn diflannu fesul dafn, ond mae rhywbeth oedd yma cynt yn parhau o hyd.

139 Ennyd yn yr ardd
Llun gan Rob Piercy o ddau yn eistedd ar fainc mewn gardd ym Mhortmeirion; cyflwynedig i Gwilym a Jean Plas wrth ddathlu eu priodas aur, Mawrth 2012 – mae'r cywydd i'w ganu ar gainc arbennig i'r achlysur, 'Plas Isaf', a gyfansoddwyd gan Owain Siôn, Llwyndyrys.

140 Golau yn y Gwyllt
Un o'r llinellau mwyaf pwerus mewn barddoniaeth Gymraeg i mi ydi "Golau arall yw tywyllwch'. Mae'n disgrifio'r profiad o gerdded drwy goedwig y Gwyllt ar benrhyn Aberiâ i mi.

Gerddi Portmeirion

141 Cau'r giatiau

Ym Mhortmeirion y treuliodd Llio a minnau ein mis mêl ac roedd naws arbennig yn perthyn i'r pentref wedi i'r torfeydd adael ac ar ôl iddi nosi.

Chei di ddim g'neud hyn'na!

Rhoi memrwn dan y bondo?
Troi cornel sgwâr, a'i rowndio?
Creu tal o'r byr, er mwyn gwneud lol?
A wyt ti'n hollol honco?

Rhoi ffenest yn y simnai?
Siwgwr pen-blwydd dros blastai?
Rhoi dolffin bach yn nŵr y glaw –
Lle mae pen draw dy siwrnai?

I ddawnsreg aur o Bwrma
Ac Utgorn, Angel, Bwda
A syrthiodd ar balmantau'r dre –
Mae lle i'r cwbwl yma.

A dod â darn o'r Eidal
I dywydd mor anwadal!
Cromen a thŵr dan eira gwyn –
A ydi hyn yn normal?

Rhoi tafell o'r ddeunawfed
Drws nesa i'r bymthegfed;
Rhoi Bwa Rhwysg, waeth befo'r pris,
I lorris o'r ugeinfed.

Rhoi lliwiau'r haf i'r gaeaf;
Creu'r hud sy'n we amdanaf;
Rhoi giatiau mawr ar lwybrau bach ...
Hwyrach mai ti oedd gallaf?

Dal golau'r wawr a'r machlud
A chreu cysgodion hyfryd,
Fel 'tae dim byd, dim byd yn bod,
Ond mynd a dod ar Ddwyryd.

Ffrwythau

Cei flas ar olewydd liw mwsog y ffawydd
Ta waeth am y tywydd sy'n cau am y lle,
Cei frathiad orennau liw'r machlud ar waliau
A min y lemonau ar awel o'r de,

Cei gwlwm o rawnwin wrth dy benelin
A gwrid ei gynefin yn wres yn dy law,
Cei ddyrnaid o fricyll dim ond iti sefyll
A gorffwys dy esgyll ar garreg sa-draw,

Cei eirin a gellyg dan enfys yr helyg
A chnau digon tebyg i'r rhai gei di'n Llŷn,
Cei aeron a ffigys o'r Aifft ac o Fflandrys
A mwyar bach melys o'r penrhyn ei hun,

Oherwydd mae Eden yn fyw ar afallen
A'r berllan yn llawen a'r fasged yn llawn,
Oherwydd mae'r hedyn sydd eto i ddisgyn
Am fwrw ei wreiddyn, mi wn i yn iawn.

Soned Glough

Mae gan limrigwyr deimladau wrth ganu
am hen wlad fy nhadau. Maen nhw isio lle
wrth y bwrdd amser te a chyfle i rannu
syniadau, ocê? Cael dweud be-di-be.
Roedd deryn fu'n creu adeiladau yn denig
wrth glywed diolchiadau. Roedd hi'n well ganddo daw
a berfa a rhaw. Doedd ganddo, ddim perig,
ddaliadau. Cewch eu gweld os galwch chi draw.
Ac os oes jôc fach ysgafala weithiau
o fewn cymdeithas tai a sgwâr y stryd,
mae mwy na chwerthin cuddio creithiau
yn y boddhad a baentiodd dros ei fyd.
Nid yw'r llwybr rhwng y trilliw-ar-ddeg
ddim ond yn mynd i Wlad y Tylwyth Teg.

Canu cloch

Cloch y porthor a'r goriad, – cloch y llais,
    Cloch llaw a chyfarchiad;
Cloch oriau'r haul, cloch yr eiliad honno,
    Cloch hŷn ei gwahoddiad
A'r gloch fach hardd sy'n chwarddiad y gwydr
    A'r gwin yn ei lygad.

Cloch rywle 'mhen Seithenyn; – cloch carlam,
    Cloch cwrlid yr ewyn;
Cloch ofnau yn donnau mewn dyn, – larwm
    Ei fyw blêr uwch dibyn;
Cloch pot y cardotyn, – cloch ceiniog goch
    A'r gwir fel daeargryn.

Cloch olaf morfa'r afon; – cloch yr haint,
    Cloch rhiw'r pererinion;
Cloch ar gyplau'r llannau llon; – cloch yr ŵyl;
    Cloch ar waith angylion;
Cloch cân; cloch acenion; – cloch Aberiâ,
    Cloch y brwd anfodlon.

Cloch y graig; cloch gwŷr yr ogof, rywle;
    Cloch yr alwad angof;
Cloch yr hirnos ddaw drosof, – cloch y niwl,
    Cloch yn alar drwof;
Cloch miri'r codi, cloch y cof berw
    Yn rhoi'r bore ynof.

Mae 'na chwaraewr newydd yn y gêm

Nid gwydr ydi'r gorffennol
i'w gadw rhwng waliau gwyn;
nid yw ddoe'n amgueddfa
a'i drysau wedi'u cau yn dynn;
nid ffeiliau mewn archif
yw straeon y meini hyn.

>Nid gêm fach ydi hi
>ac nid chwarae rydw i.

Nid amgylchedd tŷ
ydi'r paent sydd ar ei du allan;
nid ffotograff sydd yn y ffenest
ond ardal y galon, yn fychan;
nid oes yr un adeilad
ar ei ben ei hun yn unman.

>Nid gêm fach ydi hi
>ac nid chwarae rydw i.

Tithau, deithiwr,
ar y lan ac yn y coed,
mae croeso heddiw
yn llawer hŷn na'i oed,
ond gwylia dy sawdl
wrth adael ôl dy droed.

>Nid gêm fach ydi hi
>ac nid chwarae rydw i.

Llong ar dir sych

Yn Nhŷ'r Llywodraeth, yn y wal sy'n gwenu
ar y môr, mae llong â'i hwyliau'n dynn,
ei thrwyn yn codi i ddal yr ysfa i sgwennu
ar lyfr yr heli, lwybr ei thaith yn wyn.
Mae'n codi'i llaw ar gamera, ei bronnau lliain
yn llawn a balch a'i maniffesto'n wych;
y gorwel gwell yw'r dynfa, hithau'n arwain:
mastiau gobaith y rhai a'u traed yn sych.
Crochenwaith ydi'r cyfan! Lliw mewn plastar
yw llestr ein dyhead. Mwd yw'r lli.
Ni ddaw yr awel bridd â hi o'i charchar
a mordaith glai sydd ganddi. Troi wnawn ni
drachefn at olion traed y foryd dywod
a'u dilyn, er mor ara'r bererindod.

Y Gatws

Ar dir uwch, ar lôn, ar dro – yn y graig
    a'i graen y mae'n gwreiddio,
  dwy o'i waliau fel dwylo
  yn dwyn ei dir o dan do.

Cesig gwynion

Mae'r cesig yn wynion o'r llwybr glan'rafon,
Pob esgair a chynffon yn ewyn a naid;
Amseriad eu carnau a churiad pedolau
A chyffro eu llwybrau ar garlam di-baid.

Mae lleuad y fawnog a sêr y ffos frwynog
Yn angof – mor selog yw'r siwrnai ymlaen;
Pa dynfa yw'r mynydd wrth wefr y bae newydd
Sy'n mwytho'r llawenydd sy'n mynd gyda'r graen?

Ond er fod 'na chwerthin wrth adael yr eithin
A haul y gorllewin yn aur ac yn nes,
Yng nghanol trochioni pob eiliad yn cyfri,
Mae'r cesig yn delwi, yn rhewi'n un rhes,

A does dim ond osgo yn awr o fynd heibio,
Maent wedi'u cerflunio yn lluniaidd a llaith,
Pob mwng yn marmori, eu cefnau'n glogwyni
A'u llygaid yn llestri yn ennyd y daith.

Ennyd yn yr ardd

Dau'n yr heulwen am ennyd,
heulwen bach melyn eu byd,
dau law-yn-llaw, a lle i wên
eu hiaith aur ddilythyren
yn eu gardd. Mainc mewn gwerddon,
a phridd ddoe'n cyffwrdd â hon.

A'u daear yn blodeuo,
daw ag oes o flodau i go' –
pob briallen felen fu
yn eu gwanwyn yn gwenu
mor swil – maent yma, ar sedd,
o bwys yn iaith eu bysedd.

Yn yr haul, bydd neithdar haf
a'r hwyr a'i bersawr araf
yn rhoi mêl a chysur mud
a bywhau rhosod bywyd;
olion yr hau a welir
yn lliwiau petalau'r tir.

Yn ei wisg, gyda'i gysgod,
y mae Medi wedi dod
ar glawdd; ond drwy gael o hyd
i'r einioes yn yr ennyd,
y mae trosol o olau
ar wyddfid ieuenctid dau.

Golau yn y Gwyllt

Yma, daw'r plentyn
ar goll yn y dyn yn ei ôl i dir;
daw geifr i'r creigiau,
bleiddiaid i'r cytiau
a chathod coetir, pwyllog eu camau,
ar hyd canghennau'u habsenoldeb hir.

Mae'r ofnau yno:
cledrau cawr yn do
i'r ogof dywyll;
cysgod bygythiol
ar dir dibobol;
rhedyn yn bebyll,
ac mae'r ddaear ddu
fel tae'n diflannu,
dan ganu, i'r gwyll.

Ond yn sydyn, hyn:
bwlch a rhaeadr gwyn o heulwen gynnes;
drwy'r nos gyhyrog,
cannwyll betalog yn llygad y tes;
i'r dall yn ei we,
mae golau'r hen le i fyny'i lawes.

Cau'r giatiau

Moryd Dwyryd, mor llwyd â llechen
A'r haul yn ei wely, yn teimlo'n hen,
Ond mae rhywbeth yn gafael,
Yn gwrthod gadael
Y llwybrau a'r llwyni, yn dal i aros
I wên y dydd roi gwên y nos.

Mynyddoedd Meirion, cariadon neithiwr,
Yn estyn cadeiriau o boptu'r dŵr
Ac mae llygaid eto
Yn disgwyl a gwylio
Rhwng cysgodion, nes gweld y gerddi'n
Rhoi llwchyn o liw ar lechen y lli.

Talcenni'r pentref, mor dywyll â phader,
Yn troi eu sylw at sidan y sêr;
Ffenest felen
Fel llusern ar gangen
Yn dangos i'r crwydrwyr y ffordd yn eu holau,
A phersawr y nos yn gwmni i'r ddau.

Tud.
145 Ar y grib
Rheilffordd sy'n dringo crombil yr Eiger ydi'r *Jungfraujoch*. Down allan ar 'frig Ewrop'. Comisiwn i anrhydeddu Ned Thomas, enillydd Llyfr y Flwyddyn yn 2011, cyn-olygydd *Planet*, ac un o sylfaenwyr cynllun *Y Byd* ydi'r soned hon.

146 Perllan yn Sorrento
Yn Sorrento y treuliodd Llio a minnau wyliau cyn i Lleucu gael ei geni.

147 Storm yn yr Alpau
Cawsom brofiad o un o'r stormydd cyfandirol dramatig hynny yn Interlaken, y Swistir, yn haf 2011 – noson penblwydd Lleucu fel mae'n digwydd.

148 Pan ddaeth y Tân i Lundain
Roedd cwestiwn yng Nghyfrifiad 2011 yn holi pa mor dda yw safon Saesneg pob dinesydd. Mi ddigwyddodd rhywbeth tebyg adeg y Tân yn Llundain.

149 Treisicyl-bybyl i Leicester Square
Dwi'n siŵr ein bod ni i gyd yn llawn edmygedd o bob un gwleidydd sy'n troi'n seiclwr brwd ar dywydd teg pan fo camerâu teledu gerllaw. Ond mae realiti ceisio cael trafnidiaeth werdd o ddydd i ddydd mewn trefi a dinasoedd yn fyd arall.

150 Ogof lladron
Cewch fap, wrth gerdded i mewn drwy fynedfa fawreddog yr Amgueddfa Brydeinig sy'n rhestru'r casgliad yn ôl ystafelloedd y gwahanol wledydd – yr Aifft, Groeg, Rhufain, Mexico, Canada, Tseina, Korea, Syria, Sudan, Ethiopia, Siapan, Twrci, Arabia ac ati, ac ati.

151 Llinell gymorth i'r cwsmer
Mae'r byd rydan ni'n byw ynddo yn llawn o ailadrodd ystrydebol ac mae'n ddeunydd naturiol i drioledau o'r fath. Rhyw fath o drioled estynedig ydi hon.

152 Crwydro
Pan aeth Plethyn a chriw ffilmio a minnau i Israel a Phalestina i ffilmio darnau ar gyfer rhaglen Nadolig yn 1995, Iddewes oedd y 'fficsar' yn ein tywys o le i le. Roedd

ei barn a'i rhagfarnau yn agoriad llygad a dweud y lleiaf.

153 Ffenestri meini Caerfaddon

Yn ôl y llyfr bach lleol, am ennyd yn y ddeunawfed ganrif roedd cynghanedd rhwng datblygu dinesig a buddiannau pobl, rhwng elw personol a lles cymunedol. Yn yr ennyd honno y cafodd strydoedd ac adeiladau mwyaf lluniaidd Caerfaddon eu hadeiladu. Yn yr un cyfnod roedd yr awdurdodau yn barnu mai'r ffordd hawsaf o drethu tai oedd yn ôl y cyfri o ffenestri. Yn 1747 doedd dim treth o gwbl ar dai â llai na deg ffenest ynddynt. Ond cyn hir daeth yr isafswm i lawr i chwe ffenest ac roedd yn well – neu'n rheidrwydd – ar rai teuluoedd i walio'u ffenestri yn hytrach na thalu'r dreth. Effeithiodd hyn ar gydbwysedd bensaernïol sawl teras, ond mae'n amlycach yng Nghaerfaddon gan mai waliau calchfaen melyn sydd yna. Mewn trefi eraill mae plastar, chwipiad a phaent yn coluro'r pechodau. Yng Nghaerfaddon mae'r meini lle bu ffenestri yn greithiau agored ac amlwg o hyd. Effeithiodd y walio ffenestri ar ansawdd byw y teuluoedd hefyd, wrth gwrs – mae'n bosib bod yr idiom Saesneg 'daylight robbery' yn deillio o effaith y dreth amhoblogaidd hon.

154 Stori Haiti

Mae cyflwr Cymru yn braf ochr yn ochr â llawer o wledydd eraill y byd. Cefais gais i gyfansoddi'r gerdd hon ar gyfer cyngerdd i godi arian i gronfa Haiti pan drawodd y daeargryn creulon yr ynys honno. Ar un wedd mae'n chwithig troi trallod a thrasiedi yn ddeunydd mydr ac odl, ond eto mae angen rhoi llais i'r tlodion a dod â'r pell yn nes adref. Yn achos Haiti, dydi hanes yr ynys ddim mor ddieithr â hynny chwaith – adeiladwyd rhai o'r llongau cludo caethweision yng Nghymru, a chyfenwau eu gangars Cymreig sydd gan rai o'r disgynyddion hyd heddiw. Fedrwn ni ddim cefnu ar ddioddefaint yr ydan ni wedi bod yn rhan ohono, ond roedd hi'n braf hefyd clywed adroddiad am dîm achub o Gymru yn cael llwyddiant ar ôl bod yn tyrchu yn y rwbel drwy'r nos.

157 Plasty

Mae llawer o bethau rhagorol ynglŷn â gwaith treftadaeth yr Ymddiriedolaeth Genedlaethol, ond mae pethau sy'n fy nghorddi hefyd. Dwi'n teimlo'n anesmwyth iawn wrth eu gweld a'u clywed yn dyrchafu rhai o'r teuluoedd 'mawr' hanesyddol, fel pe bai'n ddyletswydd arnynt fel elusen i warchod enw da'r hen uchelwyr, rŵan bod y stadau anferth yn ei gofal. Maen nhw'n cyflwyno hanes yn gwbwl unochrog a dall, heb unrhyw gefndir cymdeithasol a chenedlaethol. Mi wyddom i gyd yng Nghymru am hanes teulu'r Arglwydd Penrhyn, ond o fynd i Gastell y Penrhyn sydd yng ngofal yr Ymddiriedolaeth, byddai rhywun yn meddwl mai parciau bach del yw'r lluniau o blanhigfeydd siwgr y caethweision yn India'r Gorllewin sydd yn un o gynteddau'r castell. Mae'r llun enwog o dwll anferth Chwarel y Penrhyn yn cael ei gyflwyno fel celf ddiddorol yn hollol ddiniwed a di-eironi yng nghanol holl gyfoeth daearol y teulu hefyd.

Os rhywbeth, profiad hyd yn oed yn waeth oedd ymweld â stad Dyrham Park ger Bryste – plasty teulu'r Blathwayt, Ysgrifennydd Rhyfel William III, ac un arall a wnaeth ei ffortiwn o'r farchnad gaethweision a baco.

Rhododendron, Glynllifon

Ar y grib

Jungfraujoch, haf 2011

Gweld byd arall yw gweld dy fyd dy hun.
Wrth ddringo esgyrn yr Eiger, cledr wrth gledr
drwy dwll y twrch heidrolig – caib a chŷn
cyn hynny – trown ein camerâu at fedr
canrif o beirianwaith. Yma ar y grib
mae'r grym ar ben blaen bys, yn ddigon da
inni anfon atodiadau gwib,
Oes yr E- yn cipio Oes yr Iâ.
Ym mhanorama'r copa, daw'n traed i lawr
at graig yn ara deg: mae inc y rhew
yn dweud ei stori yn llyfr y clogwyn mawr,
argraff amser drwy'i dudalennau'n dew.
Cawn ennyd benysgafn, yna'n ôl i'r twll
lle mae crafiadau mân ein harfau mwll.

Perllan yn Sorrento

Rwyt ti'n pwyso'n ôl, dy gefn ar foncyff,
Pnawn o droi dalennau,
A chysgod y dail rhag haul Mehefin
O dan y pren lemonau.

Mae'r rhisgl garw'n braf dan dy esgyrn,
Cadernid yn ei anwesau,
A'm llygaid innau ar y ffrwythau gwyrdd
Ar frigau'r pren lemonau,

Eu cnawd yn hirgrwn, fel yr hedyn hwnnw
Sy'n tyfu dan dy asennau
Yng nghuriad araf calon yr haf
Dan gysgod y pren lemonau.

Storm yn yr Alpau

Mae hyd yn oed drycin yn ddramatig
O'r balconi dan y clogwyni cerrig.

Mwg theatrig, tarth, taranu,
A chymoedd cyfan uwchlaw'n diflannu.

Mellten yn trywanu'i chleddyf tenau
A chewri'r mynyddoedd yn dal eu hasennau.

Y dafnau ar bennau yn bicelli folcanig
A'r dyrfa'n sgrialu dan fagiau plastig.

Seiclwr wedi'i drechu yn pedlo heb frys:
Nentydd o law yn gymysg â'i chwys.

A cherddwr heb grys, ysgafn ei droed,
Fel petai o'n wlyb at ei groen erioed.

Pan ddaeth y Tân i Lundain

Gwaedodd briw y Tân yn Llundain i ddŵr
Tafwys; dridiau bu'r dre yn ferthyr mwg
a fflam a llwch – a rhai yn gweld pob tŵr
yn pwyntio bys at Dduw, mai fo oedd y drwg.
Llygadu'r tyllau du ar hyd y cei
wnaeth eraill, amau'r rhai a ddaeth yn sgil
y llygod mawr i'r lan a llithro'n slei
i'w mysg, yn llawn o wenwyn hyll eu hil.
Er mwyn cael ateb Saesneg, hel yn griw
a wnaent, a holi am y tân a'r tywydd
wrth wyneb oedd a'i barddu'n ddieithr ei liw,
gan fesur pa mor fain, pa mor dafotrydd
oedd y prae wrth drafod eu cwestiynau,
gan ddal tu ôl i'w cefnau eu pastynau.

Treisicyl-bybyl i Leicester Square

Ta waeth am gerdyn Oyster a'i ugain punt:
wrth ddod o'r siop i'r storm, pa ots am gost
mewn carbon a hithau'n peltio glaw a gwynt? –
roedd bod yn wyrdd a gwlyb yn wirion bost.
'Tacsi!' Doedd dim amdani ... Ond doedd dim un
yn cynnig gwlychu'i seti ... oni bai'r
un bybyl blastig yma y tu ôl i ddyn
bach oer o Baris oedd yn mynd ar dair.
I mewn drwy'r drws a'i sipio. 'Allez! Cer!'
roedd sblash y ffrwd o'r gwter yn ddigon drwg,
y trycs yn Soho'n bagio yn stori fer
a phob ecsôst yn llenwi'r bybyl mwg.
Ond achub planed oeddem, ac nid bychan
ein hymffrost, wrth i'r beiciwr tenau duchan.

Ogof lladron

yr Amgueddfa Brydeinig, Hydref 2011

Mae pob gwareiddiad ers ei grud
Yn cael ei warchod gennym yma,
Y ni fu'n rhoi ein pump o hyd
Ar bob gwareiddiad ers ei grud;
Y ni sy'n fud bob Cwpan Byd
Yn methu dallt lle mae ein ffrindia.
Mae pob gwareiddiad ers ei grud
Yn ddyledus inni yma.

Llinell gymorth i'r cwsmer

Mae'ch galwad yn hollbwysig, ffrindiau;
Cewch yr ateb gennym toc.
Dewiswch un o'r chwech o opsiynau
(Mae'ch galwad yn hollbwysig, ffrindiau.)
Mae braidd yn brysur ar y leiniau
Ond mae'n wasanaeth rownd y cloc.
Mi wnawn ddatrys eich problemau
Os ewch yn awr yn ôl i'r dechrau
Lle cewch wrando eto, ffrindiau,
Ar dâp ein ymddiheuriad stoc.
Mae'ch galwad yn hollbwysig, ffrindiau;
Cewch yr ateb gennym toc.

Crwydro

Iddewes oedd y trefnydd, âi â ni
yn ôl a blaen drwy warchodfeydd y ffin
o'r deml aur i Fethlem dre; rhôi fri
ar gadw ar y rêls – ni châi rwtîn
y milwyr ffrwyno'r angen i wneud gwaith
y sioe Nadolig, er na lithrai'r lens
i gynnwys lluniau tŵr y gynnau chwaith
uwch sgwâr y stabal: rhaid i'r 'hedd' wneud sens.
'Di-blan yw'r Palestiniaid,' meddai – map
ar glun a watsh ar arddwrn, yn llawn gras
tra ffilmiem fugail âi â'i braidd ar hap
fan hyn, fan draw ar ôl y blewyn glas.
'Llys Herod!' traethodd, pan ddaethom 'nôl i'w threfn...
Ymlwybrodd yr holl oesau'n ôl drachefn.

Ffenestri meini Caerfaddon

Unwaith mewn oes, bydd bargen dda rhwng llun
a phris y calch wrth adeiladu tre;
pob ongl a sgwâr yn gain i lygad dyn,
pob crefft yn lân ac yn wynebu'r de.
Yr unwaith hwnnw lle mae awen a greddf
yn llawiau efo'r banc ac arglwydd dduw'r
awdurdod; cytgord rhwng dychymyg a deddf,
rhwng gweithred a gweithredoedd, buddsoddi a byw.
Nes daw oes arall gyda'i sét o fân
reolau bondigrybwyll; drwy wydr budr ei byd,
bydd aelwyd a thŷ yn bethau ar wahân,
breuddwyd a busnes yn tynnu'n groes o hyd.
Bydd cerrig nadd yn cau agoriad gan chwalu
golygfa a goleuni, am mai hynny sy'n talu.

Stori Haiti

Faint o erchylltra a ddeil calon dyn
Cyn torri'r edau a'i ollwng ei hun?

Rhaffau'n y jyngl a llenwi'r fflŷd,
Arbed lle drwy'u llwytho ar eu hyd.

'Williams' a 'Jones', meddai'r haearn poen
Wrth losgi'u henwau yn y bedydd croen.

Chwipio'r cynhaeaf drwy aredig cefn,
Siwgwr a baco oedd piau'r drefn.

A phan ddaeth y chwyldro â'r caeth yn rhydd,
Tywyllwch tlodi oedd eu golau dydd.

Symudodd y ddaear am bump un pnawn
A gwagio'r cwpanau na fu erioed yn llawn.

Palasau gwyn a shantis tlawd
Yn llwch a rwbel, esgyrn a chnawd.

Cryndod oedd hwn drwy sylfeini gŵr,
Saethu cymydog am ei botel ddŵr.

Awyrennau heb arfer â rhoi
Yn mynd adre'n llawn am fod drws wedi'i gloi.

Tywallt petrol i weddillion tŷ
Pan aeth arogl anwyliaid yn rhy gry.

Faint o erchylltra a ddeil calon dyn
Cyn torri'r edau a'i ollwng ei hun?

Drwy'r concrid, cŷn; drwy'r llanast, llaw
Yn tynnu'r eneidiau o'r ochr draw.

Yn yr angau torfol, arbed un
A'r bachgen yn dawnsio o fedd y dyn.

Baledwr dan ddaear

Ddau gam o blatfform y tiwb, caiff newid mân
wedi clywed dim ond dwy linell o'i gân.
Mae'n nodio'i ben i'w guriad a geirio gwên
heb golli tant o'i gerdd ar gainc y trên.
Mae'r grisiau codi yma'n rhai dwbwl a hir
a chodi efo mi mae'i benillion clir:
gitâr ac organ geg i bawb yn y rhes.
Mae hanner ffordd i fyny yn werth y pres.
Yna, daw'r grisiau i ben, sŵn arall o'm cwmpas:
llais ar y tanoi gyda gair i bwrpas;
trwst giatiau'n troi a dwndwr traffig dinas.
Wrth gerdded yn fy mlaen, mae sgarff crwn, clyd
ei faled wedi'i lapio amdanaf o hyd
a mydr fy sodlau'n gynnes ar y stryd.

Plasty

'. . . yn gwarchod gwychder ein gorffennol', hyn
oedd honiad taflen wrth fynedfa'r plas.
Wel, talu'r tâl a chrwydro at y llyn
drwy barc y ceirw; pasio'r lawntydd glas
a'r peli croce; nodi'r teilsiau clai
o Delft mewn cegin; tic i'r dodrefn cain;
gweld dyffryn bras ac aber ddofn drwy rai
ffenestri; rhythu ar aur a sidan main.
'A nawr, perl wen y casgliad,' meddent – dau
gaethwas du, cerfiedig yn dal llwch
y mawrion a'u sigârs, a gâi fwynhau
eu mwg a'u masnach â phob fflic i'r blwch,
gan fynd â ni at ffenest ddoe drachefn
at gadwyn yn yr haul a chwip ar gefn.

Tud.

161 Côr Glanaethwy

Englyn i'r côr ar ei ben-blwydd yn un ar hugain – ac i ddathlu camp Cefin a Rhian Roberts wrth wireddu eu breuddwydion a chyrraedd y safonau uchaf ar lwyfan byd.

161 Menter a Busnes

Englyn comisiwn i ysbrydoli Cymry ifanc i fentro.

162 Siarad drwy i hun

Mae dilyn sgwarnog geiriau yn bleser. Beth ydi ystyr yr 'hun' yn y dywediad hwn – huno neu hunan? Ai siarad wrth huno, neu siarad drwy'i hunan? Dadblethu ac ailblethu geiriau fel hyn fyddwn ni yn aml iawn. Byddaf yn clywed y plant yn eu llofftydd yn siarad yn eu cwsg o dro i dro. Gwaedd sydyn weithiau, yn ffraeo efo brawd neu chwaer; siarad efo anifeiliaid anwes dro arall, ac weithiau – ac un braf ydi hwnnw – chwerthiniad hir o waelod bol.

164 Mynediad i'r Senedd

Adeg Steddfod yr Urdd yng Nghanolfan y Mileniwm 2009. Doedd hi'n wych o beth gweld ein gwlad yn rhoi ei thŷ opera i eisteddfod ei hieuenctid am wythnos, ac yn rhoi ei senedd-dy i'r arddangosfa gelf? Yna, mi driais fynd i mewn i'r senedd-dy . . . Ond wedi dweud hynny, mae'n braf perthyn i wlad fach lle nad oes yna ddim ond problemau bychain i'n poeni ni.

166 Ar faes Eisteddfod yr Urdd

Cynwal ydi'r plentyn ieuengaf a Steddfod yr Urdd yng Nglynllifon, 2012 oedd hon.

167 Y tri brawd

Ym mynwent Penyrheol ger Senghennydd, mae carreg fedd lechfaen ag enwau tri brawd o Flaenau Ffestiniog arni: William Griffith Hughes, 23 mlwydd oed; Hugh Hughes, 22 mlwydd oed; Humphrey Hughes, 19 mlwydd oed. Fe'u lladdwyd yn y danchwa erchyll ym mhwll yr Universal, Hydref 1913 a hwythau ddim ond wedi cyrraedd yno i geisio gwell cyflogaeth y mis Awst blaenorol. Roedd y tri brawd yn ewythrod i Emyr Hughes,

Blaenau Ffestiniog a Gwenda Jones, Deganwy. Roeddent yn rhan o nythaid o ddeuddeg o blant, meddai Gwenda - collwyd tri ohonynt yn eu plentyndod. Ymddiddorodd Emyr yn eu hanes hefyd – bu farw brawd arall o'r nythaid yn y Rhyfel Mawr a bu farw Llewelyn Hughes, brawd arall a thad Emyr o ganlyniad i ddamwain yn y chwarel yr Oakeley ym Mai 1960. Roedd marwolaethau'r teulu hwn yn adlewyrchiad o golledion eu cenhedlaeth wrth iddynt fynd yn ysglyfaeth i afiechydon plentyndod, i'r glo, y llechi ac i ryfel.

Corff William y mab hynaf a ganfuwyd yn gyntaf o'r tri o dan ddaear yn Senghennydd. Cafwyd o hyd iddo ar 16 Hydref ac fe'i claddwyd ar 19 Hydref. Cymerodd fis arall iddynt ddod ar draws cyrff y ddau frawd arall - fe'u canfyddwyd hwy ar 19 Tachwedd ac fe'u claddwyd ar 27 Tachwedd. Bu'r tad i lawr yno am dair wythnos yn disgwyl i'r cyrff ddod i'r wyneb. Yn ôl Emyr, adnabuwyd corff un mab oherwydd y sgidiau anarferol oedd am ei draed - cyn iddynt ymfudo i weithio yn yr Universal, roedd crydd yn New Road, Blaenau Ffestiniog wedi gwneud pâr o sgidiau arbennig i bob un ohonynt. Adnabuwyd y llall drwy'r oriawr oedd ar ei arddwrn - oriawr a dderbyniodd am bresenoldeb yn Ysgol Glan-y-pwll. Mae Mel Goch o Lanffestiniog yn cofio'i nain yn sôn amdanynt - roedd yn chwaer iddynt. Yn ôl ei nain, roedd un o'r brodyr wedi newid ei shifft arferol er mwyn i'r creadur lwcus oedd i fod i weithio'r stem honno gael chwarae gêm o rygbi.

169 Nanw
Merch Karen a Mei Mac ydi Nanw, ganed Ionawr 2011.

169 Plant Ysgol Pentreuchaf
Roedd Ysgol Pentreuchaf yn dathlu'i chanmlwyddiant yn 2010 a chyhoeddwyd cyfrol, gyda chasgliad o luniau, i nodi'r achlysur.

170 Pentre Gwyn
Wrth annerch Rali Tryweryn, 11 Gorffennaf 2010, i wrthwynebu'r bygythiad i ysgolion Ysbyty Ifan, Llangwm a'r Parc – tri dalgylch sy'n taro ar Gwm Celyn.

Mae dim ond un gair yng nghyfiawnhad swyddfa Is-Adran Rheolaeth ac Effeithiolrwydd Ysgolion y Cynulliad dros gefnogi penderfyniad Cyngor Gwynedd i gau Ysgol y Parc yn bradychu diffyg gwybodaeth am gefn gwlad a diffyg dealltwriaeth o gynefin. Y rheswm dros fod niferoedd yr ysgol wedi gostwng, meddai, yw oherwydd nad yw'n ysgol 'boblogaidd'.

Waeth beth ddwedan nhw, mae un cylch o weithgaredd yn llai o ran defnyddio'r Gymraeg fel iaith fyw pan fydd bro yn colli ysgol gynhenid Gymraeg.

171 Coed Glynllifon
Roedd yna feithrinfa goed arbennig o werthfawr dan ofal y Cyngor Sir yng Nglynllifon ar un adeg. Roeddan nhw'n hel aeron, cnau a hadau o wahanol goedlannau'r sir ac yn tyfu coed cynhenid i ffermwyr drwsio'u cloddiau, i ysgolion oedd am blannu gerddi, neu ar gyfer prosiectau ffyrdd newydd. Roedd ganddyn nhw gynllun coeden am ddim i bob babi oedd yn cael ei eni yn y sir. Aeth Coleg Glynllifon yn rhan o Goleg Mawr Llandrillo; aeth Meithrinfa Goed Glynllifon yn rhan o Goleg Mawr Llandrillo. Erbyn hyn does dim coed yn cael eu meithrin yng Nglynllifon.

173 Brigdonnwr yn Aberdaron
Gwylio Gerallt (llanc lleol – nid y cyn-Feuryn!) yn nhonnau'r hwyr drwy ffenest Tŷ Newydd ar un nos o haf, wrth gyfarfod efo criw y Tir Mawr i daclo tasgau'r Talwrn.

Clychau'r Gog, Ceidio

Côr Glanaethwy

Agor y gorwel a welais; – closio,
   Cael asiad a glywais;
   Enaid mewn llygaid a llais
   Yn yr ifanc a brofais.

Menter a Busnes

Rho fellten yn dy wythiennau, – rho lais
   Arloesol i'th blaniau,
   Rho i ddawn le i'w rhyddhau:
   Dos i wneud dy syniadau.

Siarad drwy'i hun

Nid oes hunllefau acw: môr y tŷ
fel llyn, heblaw am ambell enw cath
cyn ail droi'n ôl at drai a llanw cry,
neu ambell bledio croyw: 'Nid fi 'na'th!'
Mwy styrblyd ydi'r 'Dad!' yn sblash ar ddrych
tawelwch, y tasgiad oer sy'n galw dyn
i estyn llaw i lacio'r talcen crych
sydd eisoes wedi hen fynd 'nôl i'w hun.
Y gorau gennyf yw'r chwerthiniad – ton
yn garglo drwy ei gwsg, a ninnau ein dau
yn gwenu o gwch ein gwely dwbwl, bron
yn gweld y dolffin bychan yn y bae.
Angerdd yn dod i'r wyneb bob hyn a hyn
o'r curiad dwfn sydd dan yr ewyn gwyn.

Gollwng

Braf cael denig – merch,
Bawd-ym-mawd â'i mam,
Linc-di-lonc drwy'r hwiangerddi, law a cham,
Heb dad na brawd dan draed.
Cael cynnig pnawn yn Dre,
Sudd a chrempog fêl yn Gwalia wneith i de;
Mae'n taflu ll'gadau poethion; glas yn toi pob man
A mwclis tylwyth teg ar balmant Stryd Pen-lan.

Dacw Tomos Huw;
Dacw Sioned Haf;
Ar eu pennau'u hunain, rhydd i grwydro'n braf.
Datod braich, dal draw;
Dau gam i ffwrdd, neu dri,
'Nôl yn ferch â thyllau yn ei chlustiau hi;
Awyr lwyd uwchben a golwg tywydd gwan,
Dim ond cerrig oer yw palmant Stryd Pen-lan.

Mynediad i'r Senedd

Mae'r dynion bustych wrth y drws
Yn sgrym am fy mychan llygaid tlws.

'Di gwagio i focs ei bishys pres
Ddim yn cynhesu gwep y rhes.

Mae'n tynnu'i wregys, rhoi'i fag drwy sgan
A mynd drwy'r ffrâm heb gloch yn un man.

Ond Teulu'r Senedd, mewn du a gwyn,
Nid ydynt fodlon jyst ar hyn.

A dyma sut wlad yw hi, meddwn inna,
Yn rhoi i'w phlantos Senedd, Tŷ Opera

I gynnal gŵyl am wythnos gron
Ac yna'u gwahardd rhag mynd mewn i hon!

Ond cyn i mi fel tad, fel bardd,
Fynd i ben caetj a dwrdio'n ddi-wardd,

Mi bwyntiodd gorila at falŵn
Yn nwrn y bychan bach di-sŵn.

Oherwydd pensaernïaeth twmffat y lle
Balwns amddifad hwyliai i'w ne

A llenwi uchelderau'r Senedd draw
Ymhell o gyrraedd ysgol na llaw

A byddai'n rhaid heirio offer heidrolig
I wared y Tŷ o swigod plastig.

Wedi i'r bychan ollwng gwynt,
Mi gawsom fynediad llawer cynt.

Tydi hi'n braf byw mewn gwlad mor heddychol
Lle mai unig achos dros gârds ymfflamychol,

Nid weiars na ffrwydron na chyllell na dryll
Na pharseli amheus nac wynebau hyll

Lle mai'r unig beryg o fewn ein cocŵn
Ydi hogyn bychan efo balŵn?

Ar faes Eisteddfod yr Urdd

Byw ei ŵyl efo'i fêts bach
mae o'r ieuenga' mwyach;
minnau'n waglaw a llawen,
araf fy ngham, braf fy ngwên,
heb i'r un, di-ddallt am bres,
fy llywio wrth fy llawes
i'r ffair, at drelar fferins,
yr uffa'n jarff yn ei jîns
Ac er *nad* yw'r gaer neidio
i dadau rhydd, af ar dro
i wylio o bell, sbeliau byr,
y rhai sy'n nwylo'r awyr.

Y tri brawd

Yn Stiniog, eu cyflogaeth
lli a chŷn yn llwch a aeth -
bara gwyn eu bargeinion
yn grimp dan esgeiriau hon
a holl aur dewr pyllau'r De
annieflig yn gyfle.

Berw'r traed ar lwybrau'r tri,
gwŷr â chân yn gwreichioni
ar fin yr Hydref hwnnw,
yn dwyn y wawr gyda nhw
i siafftiau di-olau dydd
angau'i hun yn Senghennydd.

Y titw penddu

At y bwrdd, saith titw bach
a ddaw. Mae un yn dduach.
Ciwio wnânt i bigo'r cnau,
claddu, cyn ffoi i'r cloddiau –
chwech o rai neis, pengleision;
yna'r du – hwnnw yw'r Don.

Y mae'n tin-droi â'r mwyeilch,
rhy bwysig i ofni gweilch,
yn hunan-blisman ei blwy,
yn rhedeg ar ôl drudwy,
yn uwch ei dôn na'r chwe del,
yn iach ar gangen uchel.

Yn y drefn 'pawb yn ei dro',
mae'i ffiws fel Maffioso –
tei rhyfel dros grys melyn,
yn blu tew, efo bol tyn:
y swnyn hollbresennol,
hwn yw Mei Lord heb ddim lol.

Pan fydd treiglad eu hadau
a'u bara nhw'n rhyw brinhau,
daw'r unben at ein ffenest,
bargeinio'n frwd, chwyddo'i frest,
yna â phen, nodi wnaiff o
waced yw'r gneuen goco.

Nanw

Mae Ionawr mewn rhai mannau – yn arw
    A byr ydi'r golau,
  Calan y cwm cul yn cau:
  Nanw yw'n Ionawr ninnau.

Plant Ysgol Pentreuchaf

Wynebau'r hen fynd heibio – a'u hanes
    Sydd fan hyn yn sgleinio;
  O wib eu taith, mae pob to
  Yn ifanc wrth eu cofio.

Pentre Gwyn

Gwacter llonydd sydd heno'n llond y llyn;
pan ddaw 'na chwa a chwiwiau draw o'r dre,
cwmwl yn y dŵr ydi'r pentre gwyn.

Pan oedd cloch yn atsain yn y bryn
roedd oglau heulwen gwair ar wynt y de,
ond gwacter llonydd sydd heno'n llond y llyn.

O'r copa clir, rhyw niwl y galon ydi hyn,
tarth o emosiynau'n colli cip ar le:
cwmwl yn y dŵr ydi'r pentre gwyn.

I lawr y llwybrau dan gysgod yn y glyn,
mae nodyn all eto godi'n alaw gre'n
y gwacter llonydd sydd heno'n llond y llyn.

O'r briffordd, bylchau sy'n y gwrych, nid ffyn;
rhwng dweud y be-'dio-bwys a'r be-'di-be,
cwmwl yn y dŵr ydi'r pentre gwyn.

O'r tai â'u golau bach yn dal ynghynn,
i'r cnafon sy'n aflonydd ymhob gwe,
drwy'r gwacter llonydd sydd heno'n llenwi'r llyn,
drwy'r cwmwl yn y dŵr, mae pentre gwyn.

Coed Glynllifon

Neb yn Nanmor yn hel cnau,
Hel hadau yn Nanhoron,
Ac nid yw'r Cyngor mwy'n hel rhent
Ym mynwent Coed Glynllifon.

Mes y Gwyllt – mae'r rheiny'n fwyd
I wiwer lwyd Portmeirion,
A'r dana'l poethion glasa rioed
Sy'n tagu Coed Glynllifon.

Mae'r hydref heb ei ffawydd aur
Ac ochrau'r ffyrdd mor noethion;
Nid yw cael sbrigau i fylchau'r clawdd
Yn hawdd ers cau Glynllifon.

Coed y Parc a Hafod-llan,
Boduan a Chwm Hermon –
Pwy ddaw i gasglu'r aeron prin
A meithrin y planhigion?

Nid oes plannu yn y tir
Pan enir plant yn Arfon,
Mae hel yr enwau, meddan nhw,
Yn marw 'Nghoed Glynllifon.

Castan, derw, masarn, ynn,
Coed celyn, bedw gwynion,
Gwern a chriafol, helyg, drain –
Y rhain oedd Coed Glynllifon.

Afallen Enlli gafodd wraidd
Yng ngerddi gwaraidd Llifon,
Ond lle bu sawl cymwynas dda
Does dim ond fala surion.

Cnafon hoff o eiriau hir
Sy'n Swyddfa'r Sir, Caernarfon,
Doedd angen dim ond gair bach du
I gladdu Coed Glynllifon.

Ni ddaw deilen las ar frig
O'r goedwig i'n hysgolion;
I'r coleg mawr, rhyw achos gwan –
Rhy fychan oedd Glynllifon.

Ond mi wn bod hadau cry
Yn tyfu yn foncyffion
Ac fel hyn bydd cof y wlad
Am frad ar Goed Glynllifon.

Brigdonnwr yn Aberdaron

'Dim iddi ond naid,' meddai,
'Hynny a lwc, fwy neu lai -
amneidio 'mhen, dyma hi
y don, a mynd amdani.'

Ond trwy wydr y gwesty traeth,
y rhai 'wylia'i reolaeth
ar ewinfedd diwedd dydd
a wêl linell storm lonydd
y gleidiwr, ei sigliadau
yn ddirgel, ac a wêl gau
ar gynffon y brigdonnwr,
gyrlen rhedynen y dŵr.

Tud.
176 Englyn Nadolig – Englyn ar gerdyn
177 Eiliadau'r Nadolig
Roedd gwraig yn Nyffryn Conwy fyddai'n gorffen ei chinio Nadolig ganol dydd, yn gosod ei chyllell a fforc ar ei phlât ac yn cyhoeddi yn ddeddfol bob blwyddyn: 'Wel, mae'r Dolig cyn belled oddi wrthan ni rŵan ag y buo fo erioed'. Cinio drosodd: Dolig drosodd oedd hi ers talwm. Erbyn hyn, rydan ni'n trio mystyn y 'Gwyliau' gymaint fyth ag y medrwn ni. Mae'r gwerthu cardiau yn dechrau ar Faes y Steddfod ddechrau Awst. Ond dydi mystyn yr eiliadau ddim yn golygu bod yr ennyd sy'n werth ei drysori yn hwy.
178 Cwynion ar y Newyddion Nadolig
Straeon go iawn ar y newyddion adeg 'Nadolig gwyn' 2010 sydd y tu ôl i'r penillion hyn.
179 Nadolig gwyn
Mi ddarllenais ysgrif ddifyr am Irving Berlin (neu Israel Baline a rhoi iddo ei enw bedydd) – cyfansoddwr y gân *'White Christmas'*, un o'r caneuon mwyaf poblogaidd erioed (wedi gwerthu dros 30 miliwn o ddisgiau). Ganed yn 1888, yn un o wyth o blant i rieni tlawd mewn ardal Iddewig yn nwyrain Rwsia. Bu raid i'r teulu cyfan ffoi rhag erledigaeth y Tsar – cael eu smyglo ar draws gwlad ac ymuno â'r ecsodus mawr o Rwsiaid Iddewig a ymfudodd i Efrog Newydd. Bu Irving a'i deulu yn byw mewn stafell heb ffenest yn Efrog Newydd a bu'r tad farw pan oedd yn 8 oed. Gorfu i'r bachgen ddechrau ennill tamaid i gynorthwyo'i deulu – drwy werthu papurau newydd ar y stryd. Sylweddolodd ei fod yn gwerthu mwy o bapurau os byddai'n cyd-ganu caneuon poblogaidd oedd yn cyrraedd y stryd drwy ddrysau caffis a thafarnau. Aeth ymlaen i fysgio ar y stryd ac yna yn 18 oed i berfformio mewn caffis a gwestai a dechrau cyfansoddi. Cân ar gyfer y ffilm *Holiday Inn* (1942) oedd hon yn wreiddiol. Yn 2010 clywais gyngerdd gan y tenor dall o'r Eidal – Andrea Bocelli – ac roedd y gân yn rhan o'i berfformiad ar y daith honno. Mi gollodd ei olwg pan

oedd yn wyth oed ac roedd rhywbeth yn iasol wrth glywed gŵr dall yn canu am wynder y Nadolig.

180 Lapdir yn Surrey

Bu helynt mewn parc oedd wedi ceisio ail-greu hud Lapdir yn ne Lloegr rai blynyddoedd yn ôl.

Englyn Nadolig

Pan gaiff seren ei geni – ymhell bell
    O'r byd sydd ohoni,
    Y wên dros ei gwynder hi
    Yw wyneb annwyl inni.

Draenen Wen, Carngribin

Eiliadau'r Nadolig

Mae'n orchest i ymestyn – y tymor,
    Rhoi tamaid, bob blwyddyn;
    Hydoedd o dinsel wedyn;
    Ar gaeau Awst, eira gwyn.

Mae'r Natalis am fisoedd – yn rhy wan
    Pan ddaw'r rhew a'r niwloedd;
    Yn anterth y meinwyntoedd,
    Anadl y Duw: eiliad oedd.

Tan gelynnen ein heleni, – am ŵyl
    Heb gymylau drosti
    Ydi'n holl ddyhead ni,
    Yr eiliad i sirioli.

Yn nhywyllwch diganhwyllau'r tai oer,
    Tyrrwn at y fflamau,
    Galw'n ôl ac ail-lanhau
    Eiliad y seren olau.

Eiliad o godi'r galon – ac eiliad
    O gael y cysuron.
    Ac o lwch cerrig y lôn,
    Eiliad o weld angylion.

Gogoniant yr amrantiad – a'r heddwch
    Ym mreuddwyd y llygad,
    Y byr ei hynt, hir barhad:
    Nadolig yw hud eiliad.

Cwynion ar y Newyddion Nadolig

Roedd Ffrîda Ffyrs ar drip unnos drud
Yn cwyno am doilet 'fel y Trydydd Byd'
Fel pe gwyddai sut beth ydi mynd yn ei chwrcwd
Heb ddail ar un llwyn a phob gafr ganddi'n sgerbwd.

Roedd Cadwalader Carbon yn rhegi yn rhydd
Pan ganslodd y tywydd awyren Caerdydd;
On'd dydi sylfeini gwareiddiad mewn peryg
Os awn ni'n ein holau at ffyrdd Oes y Cerrig?

Roedd tri chap Siôn Corn a Thylwythen Deg
Yn waed yn Cashwlti, yn rhoi clamp o lond ceg
I'r nyrsys, gan hawlio holl wlâu yr X-rê
O flaen y ciw cleifion oedd fel mywion drwy'r lle.

Roedd Alison Asda yn ei deud hi yn wir:
Roedd yr amser mor brin a'r ciwiau mor hir;
Pam ar y ddaear fod petha mor ara
Hithau 'mond isio dwy dunnell o fara?

Roedd Patrisia Paypal yn flin efo'r We –
Ei holl siopa Dolig yn styc-dot-uk;
Stryd Fawr oedd hi wedyn – a phan ddaeth hi adra
Agorodd ei he-bost: hys-bys Sul y Mama'.

Yna daw'r eira, mae'r hin yn gaeafu;
Awn lawr rhyw ddau gêr, mae'r holl sbin yn arafu
Ac nid ydi pethau mor hunan-ganolig:
All amser ddim sefyll, ond saif y Nadolig.

Nadolig gwyn

A gwyn yw pob un ŵyl Nadolig
A gwyn yw'r freuddwyd yn ei thro;
Pob un ŵyl a'i golau a ddaw'n eu holau
Yn anwylach yn y co'.

Pan aeth llygadau'r dydd yn fyrrach,
Y gaea'n gafael yn y gân,
Yr oedd co' plentyndod am swyn a syndod
Yno fel yr eira'n lân.

Pan aeth cysgodion nos yn dduach,
Mor glir y llais tu ôl i'r llen,
Ac mae anwyldebau yr hen wynebau'n
Rhan o bob un bluen wen.

A gwyn yw pob un ŵyl Nadolig
A gwir erioed yw'r geiriau hyn:
Boed dy sêr i gyd ynghynn,
Pob Nadolig yn Nadolig gwyn.

Lapdir yn Surrey

Mae ail-greu Lapdir yng nghanol y wlad
Yn swnio mor wych, mor hudol, mor rhad.

Mae'n haws i'r cwsmeriaid fod yn eco-gall
Wrth deithio yma yn lle mynd i'r llall.

Dim tripiau awyren wyth awr o hyd
I dyllu'r osôn a chynhesu'r byd.

Ond doedd yr angel ddim yno'r dydd hwnnw
Pan ddaeth cythral y Dolig i godi twrw.

Nid oedd lliaws nefol uwch car-parc yn Surrey
A drowyd gan deiars yn fôr o slyri.

Dim hêlos arian uwch y goedwig bin
Yn y niwl a'r glaw mân, llawn teuluoedd blin.

Dim golau'r goruchaf yn yr awel fain,
Dim ond 'licyl donci' ar y system sain.

Dim adenydd gwarcheidiol wrth i bethau wanio
A'r peiriant gwneud eira yn gwrthod tanio.

Roedd y groto'n groti, y ceirw'n absennol,
Dim ysbryd go-iawn o wyliau'r gorffennol.

Doedd y lle ddim tebyg i'r hysbyseb neis –
Yr unig beth oer oedd tu mewn y mins-peis.

Roedd Siôn Corn yn ddi-sgwrs, yr anrheg yn crap –
Mi wylltiodd un tad a chynnig slap.

Daeth swyddog o'r Cyngor, medd Newyddion Deg,
A chau y parc hamdden am fasnachu'n annheg.

Nadolig yn Surrey, toedd hi'n biti garw? –
Doedd yr angel ddim yno'r dydd hwnnw.

Tud.
184 *Ar lan afon*
Cefais fy magu mewn tref oedd wastad yn cadw un llygad ar li'r afon, yn enwedig ar ôl rhyw ddeuddydd o law yn y gaeaf. Roedd mynd am dro i 'weld sut roedd yr afon' a holi pryd fyddai hi'n benllanw yn Nhan-lan ac a oedd y gwynt yn chwythu o Gonwy ai peidio, yn rhan o sgwrs y stryd. Dwi'n cofio mynd efo 'Nhad i olwg y lli ar noson o Dachwedd cyn mynd i 'ngwely fel ei fod o'n medru ein sicrhau ni bod y wal rhwng y dŵr a'r dre yn dal yno a bod y Bont Fawr yn dal i sefyll ac y medran ni fynd i gysgu yn dawel ein meddyliau. Ro'n i'n medru ymestyn dros wal yr afon a theimlo'r lli grymus yn cyrraedd bron at ei brig hi. Mi welwn, yng ngolau'r stryd, wyneb llyfn, melyn y dŵr yn llifo'n ddi-sŵn o dan hynny oedd ar ôl yn y golwg o dri bwa'r bont. Mi fyddai yna lifogydd yn aml. Mi gawsom ddŵr yng ngweithdy'r wasg bedair gwaith, ond dydi hynny yn ddim wrth y llanast mae o'n ei wneud mewn tai annedd. Eto, mae yna ryw nerth yn y bobl sy'n dioddef fel hyn i godi'u calonnau, bwrw iddi efo'r gwaith o glirio a dal ati efo'u bywydau. Ar lan afon, mae'n rhaid cael dawn i edrych ar ochr olau pethau. Mae'r tywydd yn codi, mae'r glaw yn arafu, mae yna awyr las at Dal-y-cafn. Mae'r gerdd hon, a rhai eraill yn yr adran yma, wedi'u cyfansoddi ar gyfer noson 'Cynllun Craig' yn Llanrwst, Mai 2011, dan arweiniad Tecwyn Ifan ac yng nghwmni'r arlunydd Gareth Owen.
185 *Cadw oed*
Roedd y Bont Fawr yn rhan o'n parc chwarae ni pan o'n i'n hogyn yn Llanrwst. Fan hyn y byddai ceir o ddau gyfeiriad yn dod drwyn yn nhrwyn ar ganol ei chefn crwm ac mi fyddai gwylio wynebau cochion diarth yn methu bagio yn ddifyrrwch mawr. Ar hon hefyd y byddan ni'n cael profiad rhyfedd weithiau. O wynebu i fyny'r afon a phlygu dros ei chanllaw – ond dim ond ar ochr uchaf y bont, yr ochr oedd yn wynebu'r afon yn llifo i lawr y dyffryn – mi allem weld llinell y bwa meini a dŵr afon Conwy yn rhuthro oddi tano am y môr. Dim ond inni syllu

ar y llinell honno yn ddigon hir, ac mi fyddai yna rywbeth rhyfedd yn digwydd – yn hytrach na gweld yr afon yn llifo o dan y bont, mi allech weld y bont yn morio i fyny'r afon lonydd. Roedd y bont gerrig fel pe bai yn codi angorion o'r ddwy lan ac yn hwylio'n braf am Ysbyty Ifan.

Mae yna adegau felly mewn bywyd – adegau pan mae'r ewyllys yn ddigon cryf i wneud i bethau sy'n ymddangos yn gwbwl stond ddechrau symud.

186 Iorddonen

Mae trychinebau naturiol mawr y byd – y daeargrynfeydd, y llosgfynyddoedd, y swnamis, y llifogydd a'r afalanshys – wastad yn codi cwestiynau ac amheuon. Wrth weld y colledion a'r dioddefaint, mae un garfan yn holi, 'Pam mae Duw yn caniatáu i hyn ddigwydd?' Mi glywais garfan arall – efengylwyr ffwndamentalaidd – yn honni mai Duw sy'n gyfrifol am hyn; mai cosb Duw ar y ddaear oherwydd pechod dyn ydyn nhw. Mi roedd Noa a'i feibion yn fyw ac yn iach ac yn siarad fel hyn ar raglen Radio Cymru y Sul ar ôl swnami Japan. Pan ddown ni, bobol ddoeth, glyfar yr unfed ganrif ar hugain wyneb yn wyneb â'r pŵer mawr sy'n gwneud i ni a'n byd ymddangos fel bocsys matsys, mae'n syndod pa mor gyntefig ydi'n dull ni o ymateb. Ai yn y pŵer mawr sy'n ysgwyd y ddaear y mae Duw; neu ai yn y llaw sy'n estyn cymorth a chysur yn sgil y chwalfa y mae o?

187 Wrth allanfa Ysbyty Gwynedd

Digwyddiad y bûm yn dyst iddo o flaen Ysbyty Gwynedd.

188 Y lli

Wrth gofio John Puw – cyn-ganolwr yn nhîm rygbi Nant Conwy; canwr opera a dyn geiriau.

Ar lan afon

Weithiau daw y glaw i'n mwydo ni,
Dagrau'n troi yn byllau a throi yn lli,
Lefel yr hen afon yn codi'n chwim,
Rhybudd storm, ond weithiau ddaw hi ddim.

Weithiau bydd hi'n llanw mawr o'r môr,
Gwynt tu ôl i hwn ac mi wn y sgôr,
Dŵr y mawn a'r dyffryn ar ei ben,
Yna gosteg, a golau lleuad wen.

Weithiau bydd hi'n llenwi draen a ffos,
Chwyddo a thorri'i glannau yn y nos,
Bagiau tywod rhwng y tonnau a'r tai;
Wedyn bydd hi'n bwrw mymryn llai.

Weithiau holwn fydd y bont yn dal,
Dim ond bwâu o feini a dwy wal,
Grym yr afon yn erbyn llafur dyn –
Nes bydd honno eto'n llyncu'i hun.

Weithiau bydd tarth y bore'n codi braw,
Welwn ni mo'r llechwedd yr ochor draw,
Ond uwch y dŵr sy'n bwyta'r glannau llawn,
Mae'r haul yn mynd am dro bach yn y pnawn.

Bysedd y Cŵn ar lan afon Geirch

Cadw oed

Heno, ar bont, mae newid byd:
Mae'r blaen y bwa'n nofio'r dŵr yn ôl
At lygad amser; tonnau'r rhyd
Yn dawel; dau yn cychio rhwng dwy ddôl;
Heno, ar bont, mae newid byd.

Mae'r meini stond yn codi'u traed
A'r bont yn sglentio'n rhydd dros wyneb lli,
Mae arni ddau'n un curiad gwaed
Ac er bod clo ar ei saernïaeth hi,
Mae'r meini stond yn codi'u traed.

Mae'r dŵr fu'n rhuthro'n troi yn llyn
Am ennyd lonydd, yng nghanhwylllau dau
Does dim ond un cyfeiriad gwyn;
Mae'r gadael eto'n aros a pharhau
A'r dŵr fu'n rhuthro'n troi yn llyn.

A heno ar bont, mae hi o hyd
A'r byd o hyd yn nant ym mlaen y cwm,
Mae'n cadw amser yn ei grud
A phluen ar y dŵr yw'r pwysau trwm,
Heno ar bont, mae hi o hyd.

Iorddonen

Dilyw yw Duw, medd rhai, nid duw sy'n dad,
y dwrn yn ein dyffrynnoedd pan ddaw'r lli;
mae'r diawl yn stormydd Tachwedd ar lawr gwlad,
yn gosbwr dall ein holl bechodau ni.
Mi ddaw drwy dyllau bach ein waliau brics
i ddial ar ei deulu'n ddiwahân;
drwy ddifa'n hawddfyd y mae'n cael ei gics,
drwy ladd mae'n cadw'i hun yn ysbryd glân,
medd rhai. Ond ar y bont mi glywais lais
yn dweud nad ofn yr afon ddofn a'i lled
yw ystyr ffydd, ac nad addoli trais
y daran uwch y dŵr yw sylfaen cred.
Nid fel llifogydd, meddai'r llais, y daw
ond yn y don dosturiol wedi'r glaw.

Wrth allanfa Ysbyty Gwynedd

Brasgamodd drwy'r dderbynfa, adar bach
newyddion da yn canu yn ei phen,
y profion drosodd, hithau drwyddi'n iach
er gwaethaf un agoriad cul o'r llen.
Drwy'r drws mawr crwn – heb lai na sylwi bod
y paraméd yn hync, yr un sy'n gwthio'i
ffordd i mewn ar frys. Ond roedd ei rhod
yn troi; roedd camu dros y trothwy'n gyffro.
O flaen yr adran cleifion dyddiol: siwt
yn gorwedd ar ei wyneb mewn pwll glaw,
y bochau'n las a stond ac anterliwt
o staff ysbyty yno'n rhoi help llaw.
Doedd dim y medrai'i wneud ond mynd naill du
a chwilio am oriadau'i char a'i thŷ.

Y lli

Mae'r lli'n y dyffryn ac mae'n ddu pan ddaw,
Y gwynt yn gyrru o dwll y glaw,

Coed Gwydir ar goll a'r niwl ynghrog
Ar y canghennau lle canai'r gog,

Dagrau'n hyrddio ar lechen a gwydr
A'r ffosydd yn llenwi yn goch ac yn fudr,

Y llanw o Gonwy yn cronni'r afon
A meysydd Mai yn fyd y meirwon,

Y coed yn y tarth fel cerrig beddau
A'r dŵr dan y bont yn murmur gweddïau.

Ond pan fydd gosteg ar hwrdd y glaw,
Bydd braich o olau, lliwiau'n llond llaw

A dail y flwyddyn ar wyneb y lli
Sy'n dal yr haul yn ein llygaid ni.

Cofio John Puw

Canodd yn lew, nerth bob gewyn, – a'r gân
   Drwy'i gorff yn ymestyn
  Yn eneidiol, bob nodyn,
  Am fwynder a dewrder dyn.

Cyflwyniadau

Tud.

193 Dai Rees a'r tlws
Mae'n arferiad gan Gymdeithas Barddas gyflwyno tlysau enillwyr y Gymdeithas cyn yr ymryson yn y Babell Lên. Yn y Bala, disgynnodd un tlws o ddwylo Dai Rees, y Cadeirydd, yn ystod y seremoni gan chwalu'n dri darn i ganol bonllefau'r Babell. Daeth cyfle i gofnodi hynny wrth ateb tasg yn yr Ymryson a ddilynodd. Ymddiheuriadau eto, Dai.

194 Trydargerddi'r Talwrn
I Ceri Wyn y Meuryn y mae'r diolch am ddod â'r gystadleuaeth gyfoes hon i'r Talwrn.

196 Diarhebu
Dydi'r gynghanedd ddim i'w chlywed os nad ydi llinellau'n cael eu dweud yn uchel. Mae rheswm arall dros ddarllen cerddi caeth yn uchel hefyd (unrhyw farddoniaeth, a dweud y gwir) – i weld ydyn nhw wedi cael gafael ar rywbeth neu wedi'i cholli hi'n ddychrynllyd Mae'n hollol wir dweud bod cynghanedd yn gallu twyllo'r meddwl weithiau i gredu bod rhywbeth sy'n swnio'n dda yn rhywbeth o werth. Wrth weithio a sgriblo mewn swyddfa neu stydi neu lyfrgell, mae rhywun yn tybio weithiau ei fod wedi cyrraedd yr entrychion ac wedi taro ar linellau gwirioneddol ddoeth ac anfarwol. Does yna ddim fel eu darllen nhw'n gyhoeddus i ddod â chi yn ôl at eich coed.

198 Sut y staeniwyd y Sëat
Roedd yr hen Dwm Morys yn cael ei ben-blwydd y noson yr oedd 'Iwan ar Daith' yn nhafarn Llanuwchllyn.

201 Siarad pwll y môr
Ddiwedd yr haf, mae tylwythau Llŷn yn hel yn Aberdaron i fwynhau Gŵyl Pendraw'r Bryd. Mae yna hen siarad pan mae pawb yn cyfarfod – mae miwsig y sgwrsio yn boddi tonnau'r môr. Cyfansoddwyd y gân ar gais *Taliesin* ac mae Siôn Glyn wedi cyfansoddi alaw ar ei chyfer.

202 I'r Penrhynnwr
Uchafbwynt Eisteddfod Wrecsam i mi, fel amryw o rai eraill, oedd clywed y bonllefau a ddaeth i gyfarch

cyhoeddi enw Rhys Iorwerth wrth iddo gael ei gadeirio. Cyffro pellach oedd darllen y cerddi eu hunain. Mae hen grefft wedi cael llais newydd.

203 I Owallt

Ac uchafbwynt Eisteddfod Bro Morgannwg oedd gweld Dylan Iorwerth yn codi i gael ei hebrwng am ei gadair. Yn yr achos hwn, llais hŷn yn dangos yr hen grefft ar ei newydd wedd.

204 Cywydd y Gamp Lawn

Weithiau, mae gorffennol gwych yn medru bod yn faich ar genedlaethau sy'n dilyn. Pa obaith sydd gan do ifanc efelychu campau rhyw oes aur neu'i gilydd? Mae sinigiaid a beirniaid yn lluosog yn y byd sydd ohoni, yn rhy barod i roi chwyddwydr ar bob bai. Ond dylai hen hanes fod yn ysbrydoliaeth – nid yn fwgan – i genhedlaeth newydd. Pan gipiodd tîm rygbi Cymru'r Gamp Lawn yn 2012, gwnaeth hynny i anrhydeddu'r cof am Mervyn Davies, ond gan osod eu stamp eu hunain ar y chwarae: cyflawni cymaint, eto'n addo mai dim ond dechrau mae'r daith.

206 Beicio yn Llŷn

Dwi wedi ailddarganfod pleserau beicio, ac wedi canfod lonydd braf i bedlo arnynt yn Llŷn am y tro cyntaf. Beiciwr brwd ydi Berno Brosschot o'r Iseldiroedd sy'n byw yn Sarn ac yn gefnogol i bopeth yn yr ardal – o ddysgu Cymraeg, i gelfyddyd saer coed, i osod papurau bro, i werthu beiciau ail-law o hen wlad ei dadau. Y fo gomisiynnodd y cywydd gan dalu amdano drwy drwsio'r teclyn newid sbîd ar fy meic.

208 Englynion Cwrw Llŷn

Mae profi'r cynnyrch lleol yn rhan o fwynhad pob gwyliau ac ers 2011 mae gan Lŷn ei fragdy annibynnol ei hun sy'n cynhyrchu sawl cwrw blasus, gyda chymeriad a diwylliant yr ardal yn amlwg wrth eu hyrwyddo – gan gynnwys englynion hysbysebu.

Cywydd croeso

ar gyfer Gŵyl Cerdd Dant Conwy 2012

Mae'n Dachwedd – mis diweddu
ein golau; mis dyddiau du;
mis y niwl a mis y nos
a'r min oer yma'n aros:
a'r mis sy'n galw rŵan
am daro cainc, mydru cân.

Mae'r afon yn nhir Conwy
ym maes ei chynddaredd mwy
a'i gwaed sy'n dal i godi;
aeth yr haf yn ei rhuthr hi
ond draw ym mhwll y storm hon
mae ffenest, ac mae ffynnon.

Drwy'r cwmwl glaw, gall awen
godi ffydd; gall gadw'i phen
uwch y lli a'r düwch llwyr
ar adain sain a synnwyr.
Dewch chithau i'r golau gwyn:
dewch at ŵyl, dewch at delyn.

Banadl, Cors Llwyndyrys

Dai Rees a'r tlws

Pasiwch y tlws yn un pishyn – un brau
   I wobrwyo rhywun;
   Peidier ymddiried wedyn
   Ym mhawen Dai, er mwyn dyn.

Potel o win da

Hynafiaeth a chynefin – meddai rhai
   Sy'n rhoi tras i'r grawnwin;
   Does dim o werth ond chwerthin
   A chwmni da'n gwella'r gwin.

Trydargerddi'r Talwrn

Adolygiad (darn o gelf)

Caead arch, nyth jac-y-do - yn ddelwedd
   O eiddilwch y co,
      Medda fo;
Ffedog a phennog, a phiano - a phwt
   O graffiti arno. . .
      Wel, dw'mbo.

Slogan

Y gŵr sy'n cuddio'r gorwel - a mynwes
   Fel tomenni chwarel
A than ei wasg mae tarth yn hel - ond hyn
   Ar grys-T XXL:
      'Mae bach yn ddel'.

Ateb cwestiwn

Mewn gwyddonol arholiad - 'Wedi dod
    Â dŵr o dan gaead
A rhoi odano drydaniad - pwy ŵyr
    Beth yw pwynt y berwad?'
            - Er mwyn gwneud panad.

Cyfarwyddiadau

Tania'r SatNav gwychaf ac awê - rho
    I'w drywydd bob cyfle
A phan stopi'n Waun Cwmlline - mewn mawn
    Ymhell o dy gyrchle:
            Ffonia'r A.A.

Diarhebu

Yn fy stydi, yn araf, astudiaf
Wyrth y gynghanedd, a whiw! – rhyfeddaf.
Arwain mae'i sain at synnwyr, pensynnaf
A daw o'i harabedd, diarhebaf,
Bwer i iaith droi yn braf at feddyliau:
Gwirioneddau mewn geiriau a garaf.

Anodd gwneud êrial o bren afalau.
Ofer yw rhoi paun i gyfri pinnau.
Mae sawl pesychiad yng ngwlad fy nhadau.
Nid 'sgafnach ei chês, cês dynes denau.
Trech Jac Codi Baw na rhawiau plastig.
A wêl gi unig, ni wêl ugeiniau.

Amlwg glo mewn pwll nofio, meddan nhw.
Nid yw Olwen a Ben yr un enw.
Gwae a roes yn ei dŷ bopty bambŵ.
Nid gan gwac y cei di gân y gwcw.
Na chais sigâr gan darw. – Ffôl, heb os,
Yw estyn beiros os ydi'n bwrw.

Ar frig y goedwig, prin yw'r pysgodyn.
Gorau camp, camp PC Leslie Wynne.
Nid dyn lolipop yw popeth melyn.
Os awn i gyd, buasai'n wag wedyn.
Nid ei i briodas ar asyn siocled.
Mae rhai'n dweud ticed; mae rhai'n dweud tocyn.

Iaith go louaidd ydi'r iaith a glywish-i:
Iaith dyn yn stiwio'i hun yn stydi-ish.
Rhaid dod o fy nghornel, dyna a welish-i
I noson a neb yn gaethion snobish.
Dod at bobol rydd bolish ar ganu –
Nid diarhebu rhyw blydi rybish.

Sut y staeniwyd y Sëat

Mae rheg tu ôl i'm rhigwm;
'bardd Stomp' – mae'n bur addas, Dwm.

Penbwleiddiwch penblwyddi
yw braint henaint, wn i;
cawn ddiferyn gwyn dros geg
i foddi nos rhifyddeg
ein heneiddio'n flynyddol;
cawn lysh troi anlwc yn lol;
da i fardd ei ddiod fain
i dagu'r naw a deugain.

Yn Eryrod yr Aran
gwydrau gwag oedd gyda'r gân.
Yno i dwrch rhy wan i'w dal
– i Dwm – daeth rowndiau amal;
yn hwyr y pyb, ar y pús,
feri meri oedd Morys.

Fy hanes i? Trefn yn siŵr,
dirwest y doeth fodurwr,
gyrrwr y daith (ei gred o
yw 'yr ifanc sy'n dreifio!').

Ni rof feirdd yng nghefn rhyw fan;
mae'n hydref, nhw mewn oedran –
na, hefo'r fath hynafiaid,
moto rhodd – mater o raid.

Y Sadwrn aeth reit sydyn
llnau'r lledr, a'r llyw, yn nŵr Llŷn;
pob sêt a garfalétais

a'i hwfro'n iawn. Feri nais.
Teg ei liw y Sëat glân:
(yn Eifionydd, hyn fynnan).

Rhaid maddau i draed y meddwyn;
a'n taith yn nesu at un
y bore, daeth drwy'r barrug
am gar y wraig rhyw Dwm gryg.
Boi leins oedd â balans sâl
wedi'i yfed di-ofal.
Minnau'n dal yn ddymunol
nes gweld o dan grys ei gôl
ddwy botel anghapelaidd
wlyb a *rouge*, ddifeddwl braidd.

Deugain a naw; digon hen
yn y gêm i fyw'n gymen –
hanner oes neno'r rheswm
dan locsyn dyn! Nid i Dwm.

Darnau cyrcs (druan o'r car)
yn goesgam ga'th eu gwasgar;
yna, tollti yn llawnion
wydrau hael o wlad y Rhôn.
Bob cornel ar ffordd Celyn
clywais, uwch ei lais, ei lyn:
dau fôr ymhob diferyn,
smotiau oes y matiau hyn.

Gwneud pit-pat ar fat fu o:
glaw rhudd un o'r glêr oedd-o;
glaw tywyllaf Cwm Llafar;
glaw coch dros fogail y car;
glaw hen wragedd diwedd dydd;

glaw finag, glaw Eifionydd
onid oedd llynnoedd lliw llus
yn y Sëat croesawus.
Mwd y Rhôn mewn dim o dro
oedd lliw defnyddiau Llio.
Yn goch fel llygaid y gŵr
yw mat o dan lymeitiwr.

Neithiwr, fy ffonio wnaeth-o;
rhyw hic oedd ar ei groc o –
'O, Dwm, mae'n ofid imi!'
Aeth, y neidr, at ein taith ni:
nerth ei fêl wrth fy holi
sut rwyf, a sut yr âi o
i Dimbach. Atebais, 'Dw'm-bo'.

Siarad pwll y môr

Lluniau o helynt y tonnau
Drwy wydrau dwbwl y bar,
Yr ewyn yn gawod
Dros Ynysoedd Gwylanod
A'r gwynt yn cwmanu gwar.

Yr heli o'r môr agored
Yn rowlio ar dywod yn wyn,
Yn llond y ffenestri
Ond dim ar fy nghlust i
'Blaw sŵn y llenwi fan hyn.

Y môr sydd tu allan sy'n berwi fan hyn,
Yn berwi mor heulog â ha' pen y bryn;
Mae'n llenwi'n y bae, ond y llanw o'r stryd
Sydd yma'n crynhoi ac yn chwyddo o hyd:
Siarad pwll y môr.

Mae'n frochus o'r de-orllewin
Ond gŵyl ydi gosteg y gwynt,
A sigl y lleisiau
Sy'n codi i ben byrddau
Yr hwyliau oedd ganddon ni gynt.

Siarad fel na fydd y geiriau'n
Diflannu'n ronynnau o'r co';
Siarad tafod yn dwll,
Siarad pwll y môr.

I'r Penrhynnwr

Mae awen o ben draw'r byd
ymhob dychymyg mebyd,
awen uchel mor felyn
â'r lliw haul sy'n taro'r llun
ond dan frigau'i hafau hi
y ddawn aur fydd yn oeri.
Dim ond ambell, ambell un
sy'n dal ei swyn a'i dilyn
nes bod plethiad cariadon
yn tewhau mynegiant hon.

Amnaid gest ti'n ei chwmni:
blaenforyn ei hewyn hi,
cleddyf o haul drwy'r cloddiau
yn goleuo dwylo dau.

I Owallt

Y môr du sy'n cymryd darn
o hyd o'n penrhyn cadarn;
mae rhuo storm yr ewyn
o'i gylch yn betalau gwyn;
erydu hyd fêr wedyn.

Wynebau'n methu nabod
y sythu a fu, gan fod
cwmwl porffor ar foryn,
dagrau yn yr hafnau hyn;
wynebau uwch y dibyn.

Llorpiau lloer y pyllau hallt,
a diwedd anystywallt
y dydd yn dofi i'r daith
yn ôl, i'w blannu'r eilwaith
yn y tywyn melyn maith.

Cywydd y Gamp Lawn

Unwaith, roedd gennym hanes;
yn ein sgrym, roedd brêns a gwres:
padell o haearn pedol
a maen hir, di-gam-yn-ôl;
i'n pac yr oedd wyneb hers:
gwŷr caled fel gwar coliers.

Unwaith, roedd chwedlau gennym:
gwŷr o wynt na allai grym
eu hatal; cyrch barcutiaid
a llwch eu lliw uwch y llaid.
Owain ei hun fu'n amlhau
ei gam a churo gêmau.

Yna, ni welem mo'nynt,
sêr gwib yr oesau aur gynt.
Diawlio fu ar genedl fach
a saesonodd sawl sinach.
Ni chredem mewn hwyl emyn,
aeth o go' pob gobaith gwyn.

Wedi'r oerfel: pen melyn;
mae mab Mawrth ym mhawb a'i myn;
mae'r holl wlad yn un stadiwm
a choch pob teras a chwm:
Cymru'n un tŷ, wrth un tân
â draig ym mhob darogan.

Canu wnawn i'n llanciau ni
am wanwyn a Mai inni:
chwarae eofn dechreuad
aur eu hoes. Mae blas parhad
ar eu camp, mae rhaeadr cân
a ddoe'n rhyddhau ei hunan.

Beicio yn Llŷn

Dwy olwyn am Dudweiliog;
dau deiar gweld blodau'r gog.
Padlo drwy Geidio i gân
hedydd oedd gynt yn fudan.
Ffroeni gweirdir Rhoshirwaun
ar jig a chliciadau'r jaun.

Blasu'r hydref yn Nefyn;
Abererch y traeth a'r bryn;
hafau'r Rhiw; gaeafau Rhyd;
troeon glan afon hefyd;
rhosydd; pontydd y pentir –
wrth feicio mae teimlo'r tir.

Enw difyr hen dafarn,
enwau giatiau godrau'r Garn
ac enwau ein hogiau ni
yn fynych ar lechfeini –
enwau na welwn mo'nynt
o gar yn mynd fel y gwynt.

Cynganeddu i lyncu'r lôn:
dau air yn Aberdaron
yn llinell erbyn Llannor;
creu mydr rhwng y beic a'r môr –
swae a sbin, a'r cocos bach
yn gryf mewn gêr arafach.

Fe gei daith heb fwg o din,
lôn aur drwy lên y werin;
lôn braf – y lanaf drwy Lŷn;
lôn ystwyth i Laniestyn;
lôn fy meic sy'n Gymreiciach,
lôn hardd, lôn werdd a lôn iach.

Englynion Cwrw Llŷn

Cwrw lleol yn Llŷn

Dewch i le sy'n felfed a chlyd – o'r Swnt
    A chroeswyntoedd bywyd
     Draw i'r bae ym mhen draw'r byd
    A dewch i yfed iechyd.

Cwrw Llŷn

Blas yn dew dan yr ewyn – a'r haidd aur
    Yn rhyddhau'i belydryn:
     Mae aroglau llwybrau Llŷn
    I'w godro o bob gwydryn

Clustog Fair, Traeth Penllech